CONECTANDO ALMAS

Conectando almas

1ª edição: Novembro 2025

Autor:
Bruno Avelar

Preparação de texto:
Magno Paganelli

Revisão:
Debora Capella

Projeto gráfico e capa:
Jéssica Wendy

DADOS INTERNACIONAIS DE CATALOGAÇÃO NA PUBLICAÇÃO (CIP)

Avelar, Bruno
Conectando almas: sua maior conexão tem que ser com Deus, seu maior relacionamento tem que ser com Jesus / Bruno Avelar.
— Porto Alegre : Citadel, 2025.
176 p.

ISBN 978-65-5047-725-7

1. Sucesso 2. Relações interpessoais 3. Motivação (Psicologia)
4. Liderança I. Título

25-4824 CDD - 158.1

Angélica Ilacqua - Bibliotecária - CRB-8/7057

Produção editorial e distribuição:

CITADEL Grupo Editorial

contato@citadel.com.br
www.citadel.com.br

BRUNO AVELAR

CONECTANDO ALMAS

Sua maior conexão tem que ser com **Deus**,
seu maior relacionamento tem que ser com **Jesus**

CITADEL
Grupo Editorial

Eu aprendi que oportunidade e oportunismo são coisas bem diferentes. Oportunidade é quando o céu abre uma porta. Oportunismo é quando tentamos arrombá-la com segundas intenções.

– ALEXANDRE PSCHEIDT

Escritor e fundador da Aequity Editora

SUMÁRIO

> **Não é sobre ter contatos.**
> **É sobre ter conexões que constroem pontes**
> **e te levam além de onde você jamais chegaria sozinho.**
>
> – BRUNO AVELAR

INTRODUÇÃO

O segredo do networking começa antes de qualquer encontro: é no tempo de preparação que aprendemos a conectar almas, não apenas contatos.

Você pode ter estudado, se dedicado, trabalhado duro. Pode ter feito cursos, lido livros, se planejado. Pode até ter talento, criatividade e fé. Mas, se você não tiver as conexões certas, no tempo certo, o seu caminho será mais lento, mais duro e, muitas vezes, mais solitário. Eu sei disso porque vivi na pele. Durante muito tempo, achei que bastava me esforçar. Achei que, se eu fizesse a minha parte, o resto se encaixaria. Mas o tempo – e as quedas – me ensinaram que a vida não é um jogo individual. Que o *"nós"* carrega um poder que o *"eu"* jamais alcançará sozinho. Foi quando entendi que o network não é um bônus: é um dos pilares da vida. E mais – é um princípio espiritual.

Se você parar para observar, Jesus – o maior líder que já existiu – viveu 33 anos, mas só cumpriu seu propósito nos últimos três. E a primeira coisa que Ele fez antes de começar sua missão foi reunir doze homens e dizer: *"Vem morar comigo"*.

Não foi uma mentoria à distância. Não foi um churrasco de quinta-feira. Foi convivência. Proximidade. Intencionalidade. Jesus não fez isso porque precisava de ajuda. Ele fez porque estava estabelecendo um modelo. Mostrando que grandes propósitos não se cumprem sozinho.

E talvez você esteja cansado. Cansado de dar murro em ponta de faca. Cansado de ser excelente e invisível. Cansado de ver outros com menos talento chegando mais longe – e você se perguntando o que está faltando. Deixa eu te contar: talvez o que esteja faltando é acesso. Porque o acesso encurta caminhos. Ele te coloca à frente, te insere em conversas que você nem sabia que existiam, te conecta com oportunidades que não estavam no seu radar.

Acesso não se compra com dinheiro apenas. Acesso se conquista com serviço, presença, consistência, intencionalidade e honra. É isso que separa quem chega e permanece de quem só aparece e desaparece. Foi isso que mudou a minha vida. Um menino de Belo Horizonte, criado em um barraco com dois cômodos, sem luz nem água, que teve coragem de sair do Brasil aos dezoito anos. Portugal, Espanha, Inglaterra... Depois Estados Unidos. E em cada lugar eu precisei me inserir, me apresentar, me conectar. Mesmo sem roupa certa, mesmo sem *"cara de empresário"*, mesmo sem ter nada – eu dei meu jeito. Porque quem tem propósito, não negocia com desculpa.

Hoje, olho para trás e vejo o quanto o network certo mudou meu jogo. Pessoas me abriram portas. Me confiaram negócios. Me ensinaram, me corrigiram, me impulsionaram.

Mas só fizeram isso porque eu fui intencional: não fui apenas simpático, fui estratégico. Não apareci só quando precisava, estive presente mesmo sem pedir nada. Não apenas convivi – resolvi problemas.

Você precisa entender que relacionamento não é carisma, é constância. Não é presença casual, é compromisso com o propósito do outro também. E é isso que transforma conexões em alianças. É isso que torna pontes mais fortes do que muros. E uma coisa eu te garanto: quando você começa a se mover com essa consciência, o céu se move junto com você.

Este livro é um pouco do que aprendi nesses anos, morando em cinco países, trabalhando com empresários, pastores, artistas, celebridades e empreendedores que transformam ambientes. Aqui, você vai entender que o conhecimento que te trouxe até aqui não vai te levar adiante. A proximidade muda o jogo. O serviço abre e sustenta portas. Quem serve, permanece. E que, no fim, o resultado fala mais alto do que qualquer argumento.

Você não está prestes a ler um livro técnico. Está prestes a mergulhar em princípios eternos que têm o poder de mudar a forma como você se apresenta, se conecta, constrói e avança. Eu não te ensino aqui a "*fazer networking*" – eu te ensino a viver uma vida de conexões de alta performance, com propósito e legado.

Talvez você esteja na sua página 67 (*quem leu meu outro livro vai entender*), aquela em que tudo parece estagnado, em que você pensa em parar ou questiona se vale a pena continuar.

Respire fundo, porque talvez o que te espera a partir da sua "*página 68*" seja uma virada que só vai acontecer quando você mudar sua postura, sua frequência e seus ambientes.

Nos próximos capítulos, vou te conduzir por uma jornada de 12 fundamentos que transformaram minha vida – e podem transformar a sua. Não importa onde você esteja agora. Você pode começar hoje a construir conexões que te levem mais longe do que você sonhou. E não é sobre conhecer *"quem importa"* – é sobre se tornar alguém que importa. Porque quem se torna necessário nunca mais é ignorado.

Mas tudo começa com um passo: reconhecer que, sozinho, você até pode ir rápido, mas junto vai mais longe. Então, que tal parar de correr atrás de dinheiro e começar a correr atrás de resultado?

A gente se encontra nas próximas páginas.

- BRUNO AVELAR

CAPÍTULO 1

O PROCESSO INVISÍVEL: PREPARAÇÃO ANTES DO PROPÓSITO

> **O conhecimento que te trouxe até aqui não vai te levar daqui adiante.**
>
> – BRUNO AVELAR

Sabe o que mais me impressiona hoje em dia? A quantidade de gente talentosa que desiste antes de florescer. Gente cheia de potencial, com ideias brilhantes, com vontade de vencer – mas que não suporta o tempo do invisível.

A verdade é que todo mundo quer viver o propósito, mas quase ninguém quer encarar o processo. E não é por falta de capacidade. É porque ninguém ensinou a essas pessoas que existe um tempo escondido que é indispensável. Um tempo em que ninguém te aplaude, ninguém te enxerga, ninguém valida o que você carrega. Mas é nesse tempo – no tempo da caverna, da terra seca, do anonimato – que Deus constrói aquilo que vai te sustentar quando as luzes acenderem. Hoje, graças a Deus, eu tenho visibilidade. Minhas mentorias são disputadas. Meus eventos reúnem milhares de pessoas. Trabalho com grandes nomes. Faço parte de negociações multimilionárias. Mas nada disso apareceu de repente. Ninguém viu quando eu carregava caixas, quando vendia maquiagem pelos Estados Unidos, a época em que eu saía do barraco de dois cômodos, sem luz e sem água, para me posicionar no lugar certo, com roupa emprestada, só para ter a chance de aprender. De observar. De crescer.

Isso é processo. E ele não é bonito. Ele não é glamouroso. Ele não tem filtro do Instagram. Ele tem dor. Tem renúncia. Tem silêncio. Tem dúvidas. Tem noites em claro. Mas também tem algo que só o processo pode gerar: maturidade, sabedoria e prudência.

E sem isso... quando o propósito chegar, você vai ruir. Vai sabotar. Vai perder.

Jesus sabia disso. Ele, que tinha todo o poder e toda a glória, poderia ter começado a ensinar aos doze anos. Já era brilhante, já confundia os doutores da lei. Mas, ainda assim, Ele esperou. Viveu trinta anos em silêncio. Trinta anos sendo filho, carpinteiro, servo. Trinta anos se preparando. Trinta anos sem palco, sem microfone, sem multidão. E então, quando o tempo chegou, três anos bastaram para mudar o mundo. Sabe o que isso me ensina?

Que a profundidade da preparação determina a força da missão. E que quem não honra o invisível nunca estará pronto para o visível. O problema é que fomos treinados para correr. Desde pequenos, escutamos: *"Seja o melhor da sala." "Chegue primeiro." "Se antecipe." "Não fique para trás."* Mas ninguém ensina que cada pessoa tem um tempo, um chamado, um processo diferente. E que o que sustenta o teu propósito não é a velocidade, é a profundidade.

Eu precisei aprender isso na prática. Queria tudo para ontem. Tinha fome, tinha garra, tinha disposição. Mas não tinha base. E toda vez que eu tentava subir sem base, quebrava.

Dava dois passos e recuava três. Até entender que o que eu precisava não era mais força... era mais raiz.

> "VOCÊ PODE ATÉ SUBIR RÁPIDO, MAS, SE NÃO TIVER PRUDÊNCIA, VAI CAIR MAIS RÁPIDO AINDA."

Eu vi pessoas estourarem antes da hora. Gente que brilhou por seis meses e desapareceu. Porque o sucesso sem preparo é um desastre com data marcada. É como colocar uma pedra preciosa num anel de plástico: pode até brilhar por um tempo, mas basta um aperto e ele se parte. É por isso que eu te digo com toda a convicção: honre o seu tempo de preparação. Não lute contra ele. Não o despreze. Porque PRIMEIRO DEUS FAZ ALGO EM VOCÊ, PARA DEPOIS FAZER ATRAVÉS DE VOCÊ. Aquilo que ninguém vê, que ninguém entende, é exatamente o que vai te proteger quando vierem os ventos. E eles vão vir. Pode ter certeza. Mas quem passou pelo processo permanece. Por que o tempo de preparação é tão essencial? Por que o conhecimento certo muda a sua trajetória? E por que a mentoria, a proximidade e o ambiente certo encurtam o caminho sem pular etapas? O processo invisível não é uma punição. É um presente. É o cuidado de Deus te lapidando em silêncio, antes de te colocar no centro do palco. Se você abraçar isso... você vai chegar. Não só chegar – vai permanecer.

O TEMPO DE PREPARAÇÃO

Tem gente que começou ontem e já quer inverter a equação: três anos de preparação e trinta de propósito. Mas não funciona assim. E eu não falo isso com julgamento, falo com experiência de quem já tentou acelerar o que só amadurece com o tempo. A verdade é que, por muito tempo, eu mesmo tentei pular etapas. Queria dar certo logo, mostrar resultado, provar que eu era capaz. Mas o tempo – e Deus – foi me ensinando que quem queima etapas corre o risco de queimar a si mesmo.

Quando eu olho para a vida de Jesus, eu vejo esse princípio com clareza. Ele viveu trinta e três anos, mas o ministério d'Ele durou apenas três. E foram os três anos mais transformadores da história. Depois de 30 anos, no tempo certo, em apenas três anos, Ele cumpriu tudo. Isso me mostra que a proporção entre preparo e propósito é imensa. E se até Jesus respeitou esse tempo, quem sou eu para tentar antecipar aquilo que só se sustenta com estrutura?

A maioria das pessoas quer o palco, mas não quer o bastidor. Quer o microfone, mas não quer a lapidação. Quer ser voz, sem ter sido ouvinte. Mas não é assim que funciona. Tudo que é sólido nasce no secreto. O invisível é o útero onde o inabalável é gerado. E foi assim comigo também.

> **"NÃO SEJA VOZ ANTES DE SER OUVINTE."**

Hoje, muitas pessoas me veem nos palcos, nos eventos, mentorando empresários, fechando contratos com grandes nomes, sendo chamado de especialista em networking global.

Mas o que poucos conhecem é o Bruno que veio do bairro humilde em Santa Luzia, onde morei com a minha família depois que meu pai quebrou financeiramente. Dois cômodos. Rua de terra. Sem água, sem luz. Tínhamos que tomar banho na bica. E, por muito tempo, aquilo parecia ser a minha realidade definitiva. Mas lá dentro havia algo que não me deixava conformar. Uma voz que dizia: *"Você não pertence a este lugar"*. E foi essa inquietação que me tirou do Brasil aos DEZENOVE anos.

> **"TUDO QUE É SÓLIDO NASCE NO SECRETO."**

Fui para Portugal com uma mala pequena e um coração cheio de perguntas. Depois, na Espanha e na Inglaterra, precisei me reinventar. FORAM DEZ ANOS NA EUROPA: EM RESTAURANTES, LAVANDO PRATOS, TRABALHANDO EM OBRAS, VENDENDO SUCATA E CORTANDO CABELOS PARA ME SUSTENTAR. Cheguei sem referência, sem dinheiro, sem rede de apoio. Trabalhei onde dava, aprendi o idioma, tive que me virar. E mesmo liso, quebrado, com roupa emprestada, eu me colocava nos ambientes certos. Porque, no fundo, eu já sabia: o ambiente molda.

O ambiente fala com a sua identidade. E se você quer se tornar alguém relevante, precisa estar onde as pessoas pensam grande, sonham alto, falam de futuro. Foi isso que me fez crescer. Mesmo antes de qualquer curso, livro ou mentoria, eu já tinha esse instinto de posicionamento. Jesus, quando iniciou o ministério, não começou reunindo multidões. Ele escolheu doze. E trouxe para perto. Não foi um encontro semanal. Foi convivência.

Vida com vida. Porque proximidade acelera processos. Porque a modelagem acontece no detalhe, no dia a dia. E eu vivi isso de forma intensa quando comecei a andar com Tiago Brunet. Não foi um curso, foi uma temporada. Não era uma reunião de hora marcada, era café da manhã, aeroporto, conversa de bastidor.

O processo te ensina coisas que o propósito não tem tempo de ensinar. Porque, quando a visibilidade chega, você precisa estar pronto.

Não dá para aprender em cima do palco aquilo que deveria ter sido aprendido no anonimato. E Deus, como Pai amoroso, sabe disso. Por isso Ele não antecipa aquilo que pode te esmagar.

> **"DEUS TE ESCONDE PARA TE MOSTRAR NO TEMPO CERTO."**

Ele não coloca um peso sobre você que a sua estrutura ainda não suporta. O processo é o treino. A escola. O preparo. E se você abraçar isso com humildade e entrega, o propósito vai te encontrar pronto – e você não apenas vai chegar, mas vai permanecer.

O VALOR DO CONHECIMENTO

Se tem algo que mudou minha vida em vários momentos decisivos, foi a forma como passei a enxergar o conhecimento. Durante muito tempo, achei que sucesso era uma questão de esforço, talento e oportunidade. E, claro, esses elementos contam. Mas tem uma coisa que pesa mais do que tudo isso junto: o que você sabe e o que você faz com aquilo que sabe. O conhecimento certo, no tempo certo, vindo da pessoa certa, pode te economizar anos de tentativa e erro. E falo isso com propriedade, porque vivi isso.

Eu nasci numa família simples. Não tinha referências de sucesso empresarial ao meu redor. Não cresci rodeado de empresários, investidores ou mentores. Mas desde cedo havia algo que me empurrava: curiosidade. Uma inquietação por entender como as coisas funcionavam, como as pessoas chegavam lá, como era possível sair do nada e construir algo sólido. E essa inquietação me levou a buscar conhecimento. Só que, no início, eu buscava sozinho. Pegava o que podia, lia o que encontrava, assistia vídeos, absorvia tudo. E mesmo sem saber ainda o nome disso, eu já estava investindo naquilo que mais teria retorno na minha vida: a minha mente.

Com o tempo, fui entendendo que o conhecimento não é apenas um diferencial. Ele é o combustível. É o motor que transforma acesso em permanência, talento em resultado, sonho em legado. Mais do que isso: o conhecimento protege.

Ele te mostra o que evitar, te poupa de armadilhas, te posiciona com mais clareza, te dá base para quando vierem os ventos – e eles sempre vêm.

Lembro de um momento específico em que tive que escolher: ou eu mantinha um certo conforto, ou investia em uma mentoria que custava caro para mim na época. Não era apenas sobre o dinheiro. Era sobre o medo de não ter retorno. Sobre o receio de estar apostando em algo incerto. Mas, por dentro, eu sentia que aquele conhecimento abriria portas que estavam trancadas. E foi exatamente o que aconteceu. Aquele investimento gerou conexões, estratégias, mentalidade. E, mais do que isso, gerou resultados.

O problema é que muitas pessoas ainda enxergam o conhecimento como um gasto, como algo opcional, como se fosse possível crescer de verdade apenas com a força da repetição. Mas deixa eu te dizer uma coisa com toda sinceridade: aquilo que te trouxe até aqui – inclusive o conhecimento que você já tem – não vai te levar aonde você quer chegar. Afinal, os desafios de hoje não são os mesmos de ontem.

As demandas mudaram. As oportunidades são outras. E se você não se atualizar, se você não se aprofundar, você vai travar. Vai bater no teto. Vai repetir ciclos. E o pior: vai achar que está avançando, quando, na verdade, está apenas girando em círculos. Foi por isso que, quando comecei a dar minhas mentorias, eu não entregava apenas ferramentas. Eu entregava uma mentalidade nova. Uma consciência ampliada. Porque, no fim das contas, o que transforma uma pessoa não é o método – é a forma como ela enxerga a vida depois que sua mente se expande. E mente expandida não volta mais ao seu estado original. Por isso, todo investimento que você fizer em conhecimento real – aquele que vem de alguém que tem resultados, que vive o que ensina, que já pisou onde você ainda vai pisar – retornará a você multiplicado. Não só em dinheiro, mas em tempo, clareza, autoridade, posicionamento.

A Bíblia já dizia isso muito antes dos gurus de internet: sabedoria é o bem mais precioso. Se tiver que escolher entre adquirir ouro ou adquirir conhecimento, fique com o conhecimento. Ele é o único bem que ninguém pode tirar de você. E mais: é o único que, quanto mais você compartilha, mais se multiplica.

Jesus também nos ensinou isso. Ele era a própria sabedoria encarnada. E, mesmo assim, Ele ensinava. Sentava-se com os discípulos. Explicava, corrigia, repetia. Ele não dava discursos apenas para impressionar. Ele formava pessoas. Ele transferia vida. Ele fazia mentoria sem usar essa palavra. E o que Ele fez há dois mil anos continua sendo o modelo mais eficaz até hoje: proximidade, ensino, exemplo, transformação.

Eu sou fruto disso. Fruto de mentores que me estenderam a mão. De ambientes que me desafiaram. De livros que ampliaram minha visão. De palavras que me confrontaram. Fruto de conhecimento que, em vez de me deixar inchado, me fez agir. E cada vez que eu aplicava algo novo, surgia um novo resultado.

> "QUEM TE TROUXE ATÉ AQUI NÃO NECESSÁRIAMENTE IRÁ TE LEVAR DAQUI A DIANTE."

E esse resultado gerava mais acesso, que, por sua vez, exigia mais preparo. E o ciclo recomeçava. Aprender. Aplicar. Gerar resultado. Reinvestir. Aprender de novo. Essa é a jornada.

Não existem atalhos para quem quer permanecer. Por isso, se eu puder te dar um conselho com toda honestidade: não pare de aprender. Nunca pense que já sabe o suficiente. Nunca confie demais apenas no que já conquistou. O mundo muda. As demandas mudam. E se você quiser continuar crescendo, impactando, influenciando, vai precisar continuar se alimentando. O conhecimento é o pão diário de quem quer construir algo duradouro. E o preço de não aprender é sempre mais alto do que o preço de investir.

Quando você escolhe o conhecimento, você está escolhendo o seu futuro. E o seu futuro vai agradecer por isso.

CAPÍTULO 2

O PODER DAS CONEXÕES: O EXEMPLO DE JESUS

> **Propósito se cumpre junto. E junto não é só estar por perto. É estar dentro.**
>
> – BRUNO AVELAR

Se tem algo que mudou completamente a minha forma de viver, pensar e crescer foi entender que ninguém cumpre seu propósito sozinho. Ninguém constrói algo grandioso na força do braço. Ninguém se sustenta no topo se não tiver estrutura relacional por baixo. Em todas as fases da minha vida, precisei me conectar com alguém para avançar. Tive que aprender a pedir ajuda, a me colocar em posição de aprendiz, a discernir quem Deus estava usando para abrir caminhos ao meu lado. Quanto mais eu entendi isso, mais as conexões começaram a fazer sentido, não como um recurso, mas como um princípio.

Tem gente que acha que network é apenas uma *"estratégia de marketing"*. Outros acham que é um esquema de interesse, uma maneira de se promover. Mas, para mim, network é espiritual. É intencional. É bíblico. E a maior prova disso é o próprio Jesus. Ele, sendo Deus, poderia ter feito tudo sozinho. Poderia ter cumprido Sua missão sem depender de ninguém. Mas não foi assim que Ele escolheu viver.

A primeira coisa que Jesus fez ao iniciar Seu ministério foi chamar pessoas para perto, para caminhar com Ele. Ele não escolheu os mais capacitados. Não buscou os mais famosos.

Jesus não queria apenas seguidores – Ele queria relacionamento. Queria proximidade. Queria discipulado. Ele sabia que não era sobre ensinar uma multidão de vez em quando, mas sobre transformar doze homens de dentro para fora. E Ele sabia que isso só aconteceria na convivência, na caminhada, no tempo compartilhado.

Jesus não conectou apenas pessoas. Ele conectou almas, e esse é o verdadeiro poder do network. Conectando almas, Ele construiu o movimento mais poderoso da história. O poder das conexões está justamente nisso: em saber com quem andar. Em discernir quem são os doze da sua vida. Em saber com quem você vai compartilhar mesa, conversas, visão e propósito. Eu demorei para entender isso. Por muito tempo, me relacionei com base no momento. Andava com quem estava perto, com quem fazia sentido no agora. Mas, quando comecei a olhar para minha vida com mais intenção, percebi que o meu futuro estava escondido nas conexões certas. Que havia pessoas capazes de abrir portas que eu nem sabia que existiam. E mais: que eu também podia ser esse acesso na vida de outros.

Hoje, quando olho para trás, vejo que as conexões mais valiosas não foram aquelas que surgiram por acaso, mas aquelas que nasceram da intencionalidade. De um posicionamento claro. De uma decisão: eu preciso estar perto de quem carrega algo que Deus quer ativar em mim. E também: eu quero ser resposta na vida de quem está pronto para avançar. Conexões não são um detalhe da caminhada. São a própria caminhada. E quando você se dá conta disso, tudo muda. Porque você começa a valorizar mais os encontros, as conversas, as pessoas. Você passa a ver além da aparência, deixa de se cercar por conveniência e começa a se cercar por propósito. E isso muda tudo. Absolutamente tudo.

PROXIMIDADE MUDA O JOGO

Jesus não construiu uma *"estratégia de marketing"*. Não escreveu um livro. Não gravou uma série de mensagens e soltou em alguma plataforma celestial. O convite aos 12 não foi um convite para um encontro quinzenal, não foi uma mentoria à distância, não foi um grupo de estudos. Foi convivência. Foi renúncia. Foi entrega. *"Larga tudo e vem."* Isso mexe comigo porque vai na contramão do que o mundo moderno nos ensinou sobre relacionamento. Queremos conveniência. Queremos encontros rápidos, reuniões produtivas, almoços com agenda. Mas o que muda de verdade não acontece no bate-papo de uma hora. A transformação profunda vem da convivência. Da proximidade. Do olho no olho. De ver como o outro reage quando ninguém está olhando.

Quando Jesus chama os doze, Ele não está apenas formando um grupo. Ele está estabelecendo um modelo. Um princípio.

Ele está dizendo, pelo exemplo: *"Propósito se cumpre junto. E junto não é só estar por perto. É estar dentro"*. Essa consciência me perseguiu durante muito tempo. Eu achava que bastava estar presente de vez em quando, que o tempo resolveria tudo sozinho. Mas tempo sem proximidade não gera transformação. Tempo sem presença real não edifica nada. O que sustenta um relacionamento não é a quantidade de encontros, mas a profundidade da conexão. E a profundidade só acontece quando abrimos espaço para a convivência.

Eu me lembro da primeira vez que estive perto de alguém que carregava algo que eu sabia que precisava acessar. Essa pessoa era o Tiago Brunet. Não foi um convite formal. Não foi um contrato. Foi uma decisão minha: *"Eu quero estar perto desse homem. Quero aprender com ele. Quero servir"*. E foi o que eu fiz. Me aproximei não para tirar algo, mas para somar. E, nesse ambiente, o que era apenas admiração se tornou amizade. O que era curiosidade se tornou transformação. E o que era uma simples conexão se tornou parte do meu destino. Mas isso só aconteceu porque houve proximidade. Eu não aparecia apenas quando tinha um evento ou quando me interessava. Eu estava junto. Todos os dias. Todas as horas. E, com o tempo, ele passou a me ver. A confiar. A transferir. Hoje, temos até o nosso próprio avião em sociedade.

As pessoas me perguntam qual é o segredo para acessar ambientes que parecem inalcançáveis. E eu sempre respondo com sinceridade: o segredo é a proximidade. Você não precisa bater na porta certa com força. Você precisa se sentar à mesa certa com constância. Muitas pessoas tentam ser vistas de longe, enquanto a oportunidade está no simples fato de permanecer perto. Não é sobre aparecer, é sobre permanecer. E ninguém permanece onde não é útil. Ninguém é mantido por muito tempo onde não gera valor.

Neste momento, em um jantar, com várias pessoas sentadas à mesa, me recordo de alguém que outrora me disse:

"Fiquei impressionado com seu comportamento na mesa do governador Tarcísio de Freitas. Você permaneceu em silêncio na frente deles por três horas apenas escutando".

Quando essa pessoa questionou por que eu não falava, respondi:

"É ouvindo que consigo fazer o diagnóstico de como posso ajudá--lo". Jesus não chamou os doze apenas para seguirem Ele. Ele os chamou para verem como Ele vivia. Para observarem, copiarem, perguntarem, apanharem junto. Essa proximidade não apenas acelerou o crescimento d eles, como também mudou o destino de cada um. Aqueles homens – simples pescadores, cobradores de impostos, homens comuns – tornaram-se apóstolos, líderes, construtores do maior movimento da história.

E tudo começou com um convite para a convivência. Jesus poderia ter ensinado à distância. Ele poderia ter feito uma série de sermões e enviado por rolo de pergaminho. Mas não. Ele escolheu sentar-se com eles. Comer com eles. Caminhar quilômetros ao lado deles. Dormir nas mesmas casas. Enfrentar os mesmos perigos. Essa escolha, para mim, é o retrato mais puro do que significa caminhar com propósito. E isso me ensinou que proximidade é um catalisador.

Que estar perto das pessoas certas acelera processos, amadurece visões, limpa a mente, revela fraquezas, fortalece virtudes. Foi assim comigo também. Quando comecei a servir, a andar com pessoas que carregavam autoridade sobre áreas nas quais eu ainda era imaturo, percebi o quanto eu crescia só de ouvir uma conversa, só de observar uma decisão, só de acompanhar um raciocínio. Não era sobre um conteúdo formal. Era sobre absorver pela convivência. E, com o tempo, percebi que as portas que mais se abriram para mim não foram aquelas onde bati com currículo, mas sim aquelas em que entrei com constância, com humildade e com disposição para servir.

Você pode estar a uma convivência de distância do seu próximo nível. A uma conversa de distância do seu destravar. Mas você vai ter que tomar uma decisão: parar de ser espectador e se tornar participante. Sair da zona de conforto do contato superficial e mergulhar no ambiente da convivência real. Estar disposto a ser visto nos bastidores, e não só no palco. Aprender a ouvir mais do que falar, a servir mais do que pedir, a observar mais do que se exibir.

Existem pessoas travadas porque se contentaram com reuniões. Mas quem vive de reunião só participa do briefing – não define o projeto. As grandes decisões são tomadas entre quem convive, entre quem compartilha a jornada. E isso vale para tudo: ministério, negócios, amizades, casamento. Quanto mais próxima a conexão, mais forte o impacto.

Por isso, se você quer crescer, romper, viver tudo o que Deus tem para você, comece a se perguntar: com quem eu tenho andado? De quem estou perto? Que tipo de conversas tenho escutado? Em que mesas tenho me sentado? Porque tudo isso está moldando quem você está se tornando. E não adianta negar: você é, sim, a média das cinco pessoas com quem mais convive.

Não é uma frase de efeito, é uma realidade espiritual e emocional. A Bíblia já dizia isso quando nos alertava a escolher bem as companhias. O sábio se torna mais sábio quando anda com sábios. O tolo se destrói quando se cerca de insensatos.

Não subestime o poder de um relacionamento certo. Não ignore o impacto de uma convivência estratégica. Não despreze a simplicidade de estar presente com quem carrega algo que você precisa. Porque é na presença, na constância, na disponibilidade e na honra que se acessam os maiores tesouros da vida.

MENTORIA: O SEGREDO MILENAR

Quando as pessoas me perguntam qual foi o ponto de virada da minha vida, eu poderia dar várias respostas. Poderia falar dos negócios que fechei, das conexões que surgiram, das oportunidades internacionais. Mas, sendo sincero, preciso te dizer: o que realmente virou minha chave foi a mentoria. Não uma mentoria qualquer, mas uma mentoria de verdade, daquelas que te tiram do lugar e te reposicionam com propósito. Daquelas que não têm a ver com fórmula mágica, mas com convivência, correção, provocação e liberação de destino. A mentoria foi o maior atalho que eu já encontrei. Um atalho com fundamento, com base sólida, com verdade.

Tudo começou com uma frase que eu não esperava ouvir. Tiago Brunet virou para mim e disse:

"Bruno, você precisa dar mentoria".

Eu ri. Falei que era empresário, que esse negócio não era para mim. Que minha área era outra.

Mas ele insistiu:

"Eu me considero um cara sábio, e eu paro para te ouvir. As pessoas também vão querer te escutar".

E, naquele momento, uma ficha caiu. Não era sobre me reinventar. Era sobre reconhecer que o que eu já carregava precisava ser compartilhado com intencionalidade.

> **"ATIVAÇÃO REQUER PROXIMIDADE."**

O que ele fez comigo naquele instante foi algo muito mais profundo do que um elogio. Ele me deu uma autorização. Ele ativou algo dentro de mim. Viu algo que eu mesmo ainda não enxergava completamente. E é exatamente isso que um verdadeiro mentor faz. Ele enxerga onde você ainda só desconfia. Ele libera o que você ainda está travando. Ele antecipa o que você está tentando alcançar sozinho. A mentoria tem esse poder: ela encurta caminhos porque transfere experiências. E a experiência, quando compartilhada com sabedoria, te livra de muitos erros, de muitos gastos, de muitas quedas.

Mas deixa eu te contar uma verdade que pouca gente fala: mentoria custa. Custa tempo, custa disposição, custa humildade e, muitas vezes, custa dinheiro.

E tudo bem, porque o que você está acessando ali não é um produto. É um pedaço da história de alguém. É um resumo de anos de tentativas, acertos e fracassos. E, mais do que isso, é o coração e a mente de alguém disposto a te poupar de dores que ele mesmo já viveu. Você não paga pela mentoria – você investe nela. E o retorno que ela gera não tem comparação.

Quando comecei a aplicar isso na minha vida, tudo mudou. Lembro da minha primeira turma de mentoria. Era um grupo pequeno. Eu cobrava dez mil dólares por um ano de convivência. Fazia um encontro presencial por mês, um Zoom por mês, e passava horas disponível para ouvir, orientar, responder e ajustar. A cada nova turma, fui percebendo o quanto aquilo gerava transformação real na vida das pessoas. Não era apenas conhecimento – era transferência. Era ativação. Era mudança de rota.

E como tudo que é feito com verdade cresce, a coisa foi tomando uma proporção que eu mesmo não imaginava. Hoje, o meu ecossistema de mentoria conta com mais de cento e vinte pessoas. Gente de todos os lugares, com diferentes histórias, mas com algo em comum: a disposição de ouvir, aplicar e avançar. E quer saber o mais interessante? Eu fui aumentando o preço propositalmente, achando que isso limitaria a entrada de pessoas. Mas aconteceu o contrário. Quanto mais eu dificultava, mais as pessoas se interessavam. Porque quem está pronto de verdade entende que acesso tem preço. E que o preço não assusta quem tem sede de transformação. A mentoria é uma aliança. É mais do que uma transmissão de conteúdo. É um relacionamento de confiança, onde o mentor compartilha o que sabe e o mentorado se compromete a honrar aquilo com ação. Não é mágica. É responsabilidade mútua. Eu entrego o que vivi. Você aplica com seriedade. E o resultado vem. Pode não ser imediato, mas ele vem. Porque o conhecimento aplicado sempre gera fruto. E o fruto sempre confirma o que foi plantado.

Quando olho para Jesus, vejo isso com clareza. Ele foi o maior mentor da história. E não porque fez milagres, mas sim porque formou homens. Ele não apenas pregou – Ele viveu junto. Ele não apenas ensinou – Ele modelou. Ele não apenas direcionou – Ele empoderou. A Bíblia diz que, depois de andar com Ele, os discípulos foram chamados de *"aqueles que viraram o mundo de cabeça para baixo"*. Sabe o que é isso? É mentoria com propósito. É formação com presença. É relacionamento com destino.

Por isso, se você quer crescer de forma real, se quer viver algo além da média, se quer romper com limitações antigas, você vai precisar de mentoria. E vai precisar estar disposto a se submeter a alguém que já chegou aonde você quer chegar. Vai precisar ouvir com humildade, aplicar com coragem, ajustar com maturidade. Porque mentoria sem ação é admiração vazia. E admiração vazia não muda ninguém. O que transforma é a prática. É o comprometimento com o processo. É a disposição de se deixar moldar.

Hoje eu tenho mentores em diferentes áreas da minha vida. Pessoas que respeito, que admiro, que ouço com atenção. Não porque elas têm todas as respostas, mas porque elas têm autoridade. Elas têm fruto. Elas têm coerência. E fruto e coerência, meu amigo, falam mais alto do que qualquer discurso. São eles que sustentam a autoridade. São eles que validam o ensinamento. E é isso que eu busco: coerência e verdade. Pessoas que vivem o que pregam. Que não ensinam da boca para fora. Que me puxam para cima mesmo quando dói. Que não me deixam estacionar no conforto. Porque, no fim das contas, mentoria é isso: alguém que te ama tanto que não aceita te ver viver abaixo do seu potencial. Alguém que crê tanto no seu propósito que não vai deixar você se esconder atrás de desculpas. Alguém que já passou por onde você está passando e está dizendo:

"Vem por aqui. Já testei esse caminho. Sei onde ele leva".

E, quando você encontra alguém assim, valorize. Honre. Escute. Aplique. E prepare-se. Porque a sua vida nunca mais será a mesma.

CAPÍTULO 3

INVESTINDO EM ACESSO: O PREÇO DAS OPORTU-NIDADES

> **O acesso encurta o tempo de alcance.**
>
> – BRUNO AVELAR

Durante muito tempo, eu acreditei que tudo dependia de mim. Que, se eu me esforçasse bastante, lesse os livros certos, trabalhasse duro e mantivesse o foco, as portas se abririam naturalmente. E, de certa forma, isso é verdade – até certo ponto. Mas existe um momento na vida em que o esforço já não é o bastante. E não importa o quanto se dedique: nada parece avançar. Foi aí que eu entendi uma das verdades mais poderosas que carrego até hoje – existem portas que não se abrem por esforço, mas por acesso. E acesso tem um preço, mas o acesso mais valioso não é o que o dinheiro compra, e sim o que conecta almas dispostas a crescer juntas. Ele não está à venda na vitrine. Ele é conquistado com entrega, com serviço, com presença. Ele nasce de uma postura, de uma escolha, de uma atitude. O que me trouxe até aqui, sem dúvida, foi muito trabalho. Mas o que me projetou além – o que me colocou nas mesas certas, nas conversas certas, nos ambientes em que as decisões realmente são tomadas – foi a disposição de pagar o preço que o acesso exige. Porque o acesso não é um favor – é uma recompensa. Uma porta que se abre para quem sabe chegar, sabe ficar e sabe somar.

Quando comecei a andar com pessoas maiores do que eu, precisei primeiro vencer uma barreira interna: a síndrome do *"não pertenço"*.

Aquela sensação de que você está ocupando um espaço que não é seu, de que talvez estejam te tolerando, e não te validando. Até que um dia caiu a ficha: eu estava ali porque tinha algo a oferecer. E também porque escolhi pagar o preço – não só financeiro, mas emocional, espiritual, relacional. Dormi pouco, servi muito, ouvi mais do que falei. E, pouco a pouco, portas foram se abrindo. Não por mágica. Mas por consistência.

Quando conheci Tiago Brunet, não cheguei pedindo nada. Cheguei disposto a somar. E foi servindo que ganhei proximidade. Foi servindo que ganhei confiança. Foi servindo que ganhei acesso. E acesso, quando vem de forma legítima, encurta caminhos que sozinho você levaria anos para percorrer. A pessoa certa te economiza tempo, dor, incerteza. Mas, para isso, é preciso reconhecer que ninguém chega longe sozinho.

Essa geração foi treinada para correr atrás de palco, de microfone, de visibilidade. Mas o que realmente transforma destinos é aquilo que acontece longe dos holofotes. É o *"sim"* que você dá num momento comum, o convite que você honra, o ambiente que você frequenta com constância. As maiores viradas da minha vida não aconteceram quando eu estava brilhando – mas quando eu estava servindo. Você precisa entender que o acesso não se conquista com marketing. Ele se conquista com valor real.

Quando alguém percebe que sua presença agrega, que sua postura inspira, que seu serviço resolve, essa pessoa te insere. Te apresenta. Te recomenda. Te transfere autoridade. E isso não se força. Isso se constrói.

Eu já vi muita gente perder acesso por imaturidade. Pessoas que chegaram com potencial, mas não souberam se comportar. Que confundiram liberdade com intimidade, presença com privilégio. O acesso é frágil. Se mal utilizado, ele se fecha. E existem portas que, uma vez trancadas, não se abrem mais. Por isso, toda vez que Deus me entregou acesso a alguém, eu tratei como um presente. Com respeito. Com honra. Com zelo. Porque eu sei de onde vim. E sei o quanto custou estar ali.

O maior erro que alguém pode cometer ao ter acesso é achar que aquilo é garantia de permanência. Não é. O acesso pode até ser conquistado com uma boa apresentação. Mas só permanece quem resolve. Só permanece quem serve. Só permanece quem entende o ambiente em que está inserido.

Jesus viveu isso com os discípulos. Ele deu acesso. Levou alguns para o monte, outros para o quarto, outros para o barco. Mas o nível de acesso que cada um recebeu estava diretamente ligado ao nível de entrega e fidelidade que demonstravam. João, por exemplo, era próximo. Tão próximo que reclinava a cabeça no peito de Jesus. Ele acessava algo que outros não acessavam. E não porque era o mais inteligente, mas porque era o mais entregue.

No meu caso, houve um momento em que precisei tomar uma decisão ousada. Eu estava numa fase em que já dava minhas mentorias, tinha meu ecossistema, e as coisas estavam fluindo. Mas Deus começou a me mostrar que havia mais. Mais pessoas, mais conexões, mais responsabilidades.

E, com isso, mais preço. Foi aí que minha mentoria deixou de custar $10 mil dólares e passou a custar 120 mil dólares. Não porque eu quis *"ficar caro"*. Mas porque entendi que o preço define quem valoriza. E quem paga o preço certo entra diferente. Vem com mais sede. Com mais humildade. Com mais prontidão. E entendi também que conhecimento não se vende. O que se vende é o tempo, para que se possa transferir conhecimento.

Hoje, as pessoas olham de fora e acham que é sobre o valor financeiro. Mas não é. É sobre entender que o acesso tem um valor espiritual. Você não se conecta com pessoas à toa. Toda conexão carrega uma transferência. Algo que sai da vida de uma pessoa e se deposita na vida da outra. E essa transferência exige estrutura, consciência e maturidade. Caso contrário, o que era bênção se torna peso. O que era oportunidade se torna acusação.

Quando fui convidado a participar dos bastidores da vinda do Neymar para o Brasil, as pessoas não viram tudo o que aconteceu antes. Não viram as madrugadas dedicadas ao trabalho, os telefonemas feitos, as pontes construídas ao longo de anos. Não viram os voos pagos do próprio bolso, as reuniões sem retorno imediato, os esforços que, na época, pareciam exagerados.

Mas foi isso que construiu o caminho. Foi isso que, quando chegou a hora da decisão, fez com que dissessem: *"Chama o Bruno"*. E eu fui chamado. Não porque pedi. Mas porque estive disponível antes que fosse necessário.

Você pode se preparar a vida inteira. Pode ser excelente no que faz. Mas, se não tiver acesso aos ambientes certos, às pessoas certas, às mesas certas, vai demorar muito mais para chegar aonde poderia – e, muitas vezes, nem chega.

Porque ninguém reconhece o que nunca viu. Ninguém valoriza o que nunca acessou. Ninguém indica quem nunca caminhou junto.

É por isso que eu repito, com toda convicção: o acesso encurta o tempo de alcance. Ele te posiciona antes do tempo. Ele te antecipa. Ele te insere em lugares onde, sozinho, você não chegaria. Mas, para isso, você precisa estar disposto a pagar o preço. A assumir a responsabilidade. A honrar cada ambiente. Porque, no final das contas, não é sobre entrar – é sobre permanecer.

O VALOR DO ACESSO

A primeira vez que eu entendi o valor real do acesso foi quando vi a transformação acontecer diante dos meus olhos. Não foi em um evento, nem em uma reunião. Foi num simples momento de mesa, com pessoas certas, conversas certas, num ambiente em que tudo parecia estar conectado com um propósito maior. Aquele não era um encontro qualquer. Era uma chave sendo girada. Ali, eu entendi que, por trás de toda grande virada, existe alguém. E que, na maioria das vezes, o que muda o jogo não é o que você sabe, mas quem você conhece e como se comporta ao lado dessa pessoa.

Eu entrei em uma reunião com Tiago, servindo. Não fui para pedir, não fui para impressionar. Fui porque via nele algo que eu precisava acessar. Algo que eu respeitava. E, por entender o valor daquele acesso, decidi fazer aquilo da forma mais íntegra possível: com humildade, com dedicação e com constância. E ali, naquela convivência, sem pressão, sem urgência, as portas começaram a se abrir. Porque o valor do acesso não está no glamour da oportunidade, mas no quanto você valoriza quem te deu espaço.

A maioria das pessoas encara o acesso como um privilégio – e, de fato, é. Mas ele não é uma linha de chegada. É um ponto de partida. Ter acesso a alguém é como receber uma semente rara: o que você faz com ela vai determinar se haverá colheita. E, infelizmente, tem muita gente enterrando sementes que poderiam ter frutificado se tivessem sido regadas com postura, presença e paciência.

Não adianta conquistar acesso se você não entende o ambiente em que está entrando. Não adianta estar na mesa se você não sabe ouvir, não respeita o tempo, não aprende a linguagem daquele espaço. Não adianta chegar com tudo. Você pode até ter promessa, mas é preciso cuidado para não se perder na vaidade e confundir proximidade com familiaridade. E não esqueça: o acesso exige reverência. O acesso é um lugar santo, onde você pisa com cuidado. Onde você fala menos e observa mais. Onde você aprende a ser solução antes de querer ser destaque.

Foi assim que eu caminhei durante anos. Sempre que uma nova conexão se abria, eu fazia o possível para me posicionar como alguém que resolve, não como alguém que pesa. Porque acesso não é para quem busca vantagem – é para quem está disposto a entregar valor. E valor não se mede pelo quanto você fala de si mesmo, mas pelo quanto você entende as dores, os sonhos, os objetivos de quem está ao seu lado. Você não conquista acesso insistindo. Você conquista servindo.

Uma vez, dentro do meu ecossistema de mentoria, entrou um homem que pagou o valor cheio sem pestanejar. Ele não comprou apenas conhecimento – comprou acesso. Ele queria estar perto. Queria aprender. E mais do que isso: queria somar. Em menos de um ano, ele alcançou resultados que a maioria levaria cinco anos para conquistar. E sabe por quê? Porque ele entendeu o valor do ambiente.

Ele se posicionou, observou, aprendeu. E aplicou. Ele não entrou com espírito de aluno comum. Ele entrou com mentalidade de construtor. E, por isso, acessou aquilo que muitos apenas admiram de longe.

Hoje, muita gente me procura querendo saber como entrar nos ambientes onde estou. Querendo participar dos círculos por onde caminho. E a pergunta que eu sempre devolvo é: *"Você está disposto a pagar o preço?"*. E não estou falando apenas do valor financeiro – embora ele exista. Estou falando do preço emocional, do preço espiritual, do preço da renúncia, da postura, do tempo, da entrega. Porque acesso, quando é verdadeiro, vai te exigir. Vai te esticar. Vai te moldar. Vai te corrigir. Vai expor áreas que você não sabia que precisava trabalhar. Mas, se você aguentar o processo, o resultado será gigantesco.

Já ouvi pessoas dizerem que acesso é *"sorte"*. E talvez, de fora, pareça mesmo. Mas quem está dentro sabe que o que parece sorte é, na verdade, posicionamento somado ao tempo certo. Oportunidade somada à preparação. Porta somada à honra. Nada acontece por acaso. Deus pode até te inserir onde você nunca imaginou estar, mas permanecer ali dependerá de você. Do seu caráter. Do seu coração. Da sua constância.

E deixa eu te falar algo que aprendi com dor e maturidade: o acesso que você não honra, outro vai ocupar. Porque os ambientes de alto nível não são mantidos por pessoas extraordinárias, mas por pessoas comprometidas. E comprometimento ainda é a moeda mais valorizada quando o assunto é confiança.

Você pode ter talento, carisma, inteligência. Mas, se não tiver comprometimento, não vão te manter por perto.

O valor do acesso está no que ele representa espiritualmente. Deus, quando quer mudar a vida de alguém, quase sempre usa outra pessoa como canal.

Moisés teve Jetro. Josué teve Moisés. Davi teve Samuel. Eliseu teve Elias. Jesus teve João para preparar o caminho. E Paulo teve Barnabé, que o levou aos apóstolos quando ninguém confiava nele. Sempre existe uma conexão que precede a próxima estação.

O problema é que muita gente não reconhece essa conexão quando ela não vem do jeito que esperava. Às vezes, o acesso vem disfarçado de serviço. De bastidor. De silêncio. E quem não tem olhos espirituais despreza. Perde. Volta para o mesmo ciclo de sempre, acreditando que está sendo rejeitado, quando, na verdade, não percebeu que estava sendo testado.

O acesso certo pode mudar sua vida. Pode destravar anos de limitação. Pode colocar você diante de pessoas que, sozinho, você nunca alcançaria. Mas o acesso não é para quem só quer usufruir. É para quem está pronto a se tornar resposta.

"Porque quem é resposta, permanece. Quem é problema, sai pela mesma porta que entrou – ou por outra, bem mais apertada."

Se hoje você tem algum tipo de acesso, pare tudo e reflita: como você tem lidado com isso?

Com maturidade ou com vaidade? Com humildade ou com ansiedade? Com gratidão ou com pressa?

O que você faz quando Deus te coloca perto de alguém que carrega algo maior que você? Você aprende? Serve? Se entrega? Ou quer aparecer antes de estar pronto?

O valor do acesso não está na selfie. Está na semente que você planta ali dentro. E um dia, quando o tempo da colheita chegar, você vai olhar para trás e entender que aquela porta aberta foi uma das maiores bênçãos da sua história.

O EFEITO DO INVESTIMENTO EM PESSOAS

Em todos esses anos vivendo no mundo dos negócios, das mentorias e das conexões, uma coisa ficou muito clara para mim: pessoas valem mais do que projetos. Pessoas certas encurtam o tempo. Relacionamentos certos multiplicam resultados. E quando você entende isso, tudo muda. Você para de investir apenas em estratégia e começa a investir em quem carrega a estratégia. Você para de focar apenas no *"como"* e começa a olhar com atenção para o *"com quem"*.

O que realmente acelerou minha vida não foram as ideias que eu tive, mas as pessoas em quem escolhi investir – e as pessoas que escolheram investir em mim. Porque existe uma diferença brutal entre caminhar sozinho e caminhar com quem te puxa, te desafia, te estica, te conecta com lugares que você não chegaria pela força do braço. E isso não tem preço. Porque você pode tentar construir um prédio de vinte andares sozinho. Vai levar vinte anos. Mas, se você tiver acesso aos engenheiros certos, aos construtores certos, aos fornecedores certos, pode fazer o mesmo prédio em dois anos – com mais qualidade, menos estresse e muito mais visão.

O investimento em pessoas sempre foi o maior multiplicador de resultados que experimentei. E não estou falando apenas de equipe, de contratados, de prestadores de serviço. Estou falando de conexões. De alianças.

De pessoas com quem você decide caminhar com intencionalidade, sabendo que não se trata apenas do que elas sabem, mas de quem elas são. Porque há pessoas que carregam atmosfera. Pessoas que carregam soluções. Pessoas que carregam destino. E, quando você investe na pessoa certa, não está comprando um serviço. Está comprando tempo. Está acessando o futuro.

Foi exatamente isso que aconteceu dentro do meu ecossistema de mentoria. Começou com algo simples. Um grupo pequeno. Algumas trocas. Um ambiente seguro. E, de repente, eu vi aquilo se tornar algo muito maior do que imaginei. Porque, quando você reúne gente boa, com coração certo, no ambiente certo, o que acontece é crescimento exponencial. Não é mais soma. É multiplicação.

Uma pessoa que pagou a primeira mentoria comigo, ainda quando custava 10 mil dólares por um ano, não comprou apenas o conteúdo. Ela comprou o acesso. Ela entendeu que o que eu carregava podia acelerar sua caminhada. E mais do que isso: ela se posicionou de forma intencional: participava de tudo, servia, contribuía, era solução.

Hoje, essa mesma pessoa está em reuniões que, antes, nem sabia que existiam. Está em mesas onde negócios milionários acontecem. E não é porque ela puxou meu saco. E sim porque ele entregou valor. E onde há valor, há permanência.

Com o tempo, fui ajustando o modelo. As mentorias se tornaram mais intensas. O acesso, mais seletivo. E o investimento, mais alto. Hoje, para entrar no meu ecossistema, você precisa pagar 120 mil dólares por ano. E, sim, tem fila de espera. Por quê?

Porque as pessoas não estão pagando por um curso. Estão pagando pelo acesso a um ambiente, a uma mentalidade, a uma rede de conexões. E quando entram, sabem que vão sair transformadas – se estiverem dispostas a aplicar o que recebem.

Essa é a beleza do investimento em pessoas. Quando você acerta, não está apenas encurtando o tempo do processo. Está mudando o tipo de processo. Está acessando soluções que nem sabia que existiam. Está sendo posicionado em lugares onde decisões são tomadas. E esse tipo de acesso não tem como simular. Ele só é entregue para quem investe de forma legítima. Não apenas com dinheiro, mas com postura, com responsabilidade, com entrega.

Eu poderia ter ficado na minha zona de conforto. Poderia ter continuado com os encontros mensais, com o grupo limitado, com as mesmas dinâmicas. Mas eu sabia que Deus estava me pedindo algo maior. E também sabia que as pessoas certas estavam prontas para esse próximo nível. Então, eu fui. E quanto mais eu elevava o padrão, mais pessoas surgiam querendo fazer parte. Porque tudo que é excelente atrai gente disposta a crescer. Quem entende o valor do que está sendo oferecido não questiona o preço, porque sabe que o retorno não virá apenas em dinheiro, mas em sabedoria, aceleração, transformação.

Um dos maiores problemas de quem não investe em pessoas é achar que pode fazer tudo sozinho. E sim, você pode. Mas vai demorar mais. Vai errar mais. Vai gastar mais. E pode ser que, no meio do caminho, você desista.

Agora, quando você caminha com as pessoas certas, a jornada não fica apenas mais leve – ela se torna mais estratégica, mais assertiva, mais rica. Você passa a enxergar com outros olhos. A decidir com mais clareza. A agir com mais sabedoria.

Eu sou fruto de pessoas que investiram em mim. Que acreditaram quando ninguém mais acreditava. Que abriram espaço quando eu ainda não tinha nome, nem currículo, nem *"relevância"*. E isso me marcou.

Por isso, hoje, aonde quer que eu vá, levo comigo o compromisso de fazer o mesmo. De abrir portas para quem tem coração certo. De caminhar junto com quem está disposto a crescer. De investir onde há propósito.

Você pode estar a um relacionamento de distância do seu próximo nível. Uma conversa. Um café. Uma conexão. Mas vai precisar estar pronto para reconhecer esse momento. Vai precisar discernir quem está ao seu redor. Vai precisar parar de olhar apenas para o que você vai ganhar – e começar a observar o que pode entregar. Porque, às vezes, a resposta que você precisa não está no conteúdo de um curso, mas na constância de uma relação.

Não é sobre quantidade. É sobre profundidade. Sobre qualidade. Sobre intencionalidade. Pessoas certas são a ponte entre onde você está e aonde Deus quer te levar. Mas ponte nenhuma te leva a lugar algum se você não estiver disposto a atravessar, a sair do lugar, a dar o primeiro passo.

Invista em pessoas. Pessoas que carregam visão, fé, coragem. Pessoas que te desafiam. Pessoas que já chegaram aonde você quer pisar. Pessoas que te confrontam em amor, que celebram tua vitória, que seguram tua mão nos dias difíceis. Porque, no fim das contas, você não vai lembrar do faturamento. Vai lembrar de quem esteve com você. E, talvez, vai perceber que foram justamente essas pessoas que fizeram o milagre acontecer.

CAPÍTULO 4

FOCO E SINGULA-RIDADE: A ÚNICA COISA

> **Coloque 100% do seu tempo, do seu foco, da sua energia e da sua imagem em uma única coisa, e ali estarão seus resultados.**
>
> –BRUNO AVELAR

Quando você divide tempo, foco, energia e imagem, você divide o resultado. Pare de aceitar oportunidades que só te tiram do foco e defina qual é a sua única coisa.

O meu foco é conectar almas, conectar pessoas, e, para isso, preciso estar conectado ao meu propósito. Então pega essa chave: "*Quem se desconecta de si, se desconecta dos outros*".

Durante muito tempo, eu me orgulhava de ser multitarefa. Achava bonito dizer que tinha cinco negócios andando ao mesmo tempo, que lidava com vários projetos simultâneos, que estava "*em tudo*". E, de fato, eu estava. Mas a verdade é que eu estava em tudo e, ao mesmo tempo, não estava por inteiro em lugar nenhum. Era como tentar segurar várias cordas com uma só mão. Uma hora alguma escapa. E, quando escapa, leva com ela o que você mais queria preservar: consistência.

O mundo aplaude o movimento, a velocidade, a ocupação constante. Mas o céu valoriza direção, clareza e foco. E eu precisei viver na pele as consequências de estar envolvido com muitas coisas boas que, no fundo, estavam me afastando do essencial. Afinal, nem toda oportunidade é propósito. Nem toda proposta é avanço. Nem todo convite é uma promoção de Deus. Tem coisas que chegam só para te distrair, te cansar, te roubar daquilo que é seu de verdade.

Eu lembro exatamente o momento em que parei tudo e disse: chega. Chega de ser múltiplo e vazio. Chega de parecer ocupado, mas estar distante do que realmente importa.

Chega de tentar agradar todo mundo, abraçar todas as frentes, responder a todas as demandas. Se eu quisesse viver algo extraordinário, teria que fazer uma escolha: escolher a minha única coisa. E foi isso que eu fiz.

Eu me lembro de ter lido um livro chamado *A Única Coisa,* de Gary Keller e Jay Papasan. E aquilo bateu como um tapa de realidade. O autor dizia que, quando você aprende a concentrar cem por cento da sua energia, do seu tempo e da sua imagem em uma direção, você explode. E foi como se uma cortina caísse dos meus olhos. Eu percebi que estava me diluindo. Que estava me tornando raso em áreas que exigiam profundidade. Que estava dizendo muitos *"sim"* para coisas que não tinham nada a ver com o meu destino – e, com isso, dizendo *"não"* todos os dias ao propósito real que Deus tinha confiado a mim.

Mas o interessante dessa história é que foi através de uma mentoria – isso mesmo, uma mentoria – de um cara que hoje é um amigo-irmão, chamado Kaká Diniz, que, em 2016, foi à minha casa em Orlando, na Flórida, a meu pedido. Quando lhe pedi conselhos de vida, expondo todos os meus projetos, ele me disse: "leia este livro". Repare como uma instrução e uma direção de quem já chegou podem encurtar o caminho da sua vida.

> **"FUJA DOS LADRÕES DE TEMPO."**

Agora você deve estar se perguntando como eu conheci Kaká Diniz, casado com a cantora Simone Mendes, da ex-dupla Simone e Simaria.

Conheci Kaká em um churrasco em Orlando, na casa da atriz Larissa Manoela. No dia seguinte, em uma cafeteria conhecida da cidade – Amor em Pedaços –, eu cheguei e encontrei Kaká. Notei que ele estava um pouco agoniado e perguntei: "*Posso ajudar com algo?*". Kaká respondeu: "*Estou tentando habilitar minha internet do Brasil, mas não consigo*". Eu imediatamente disse: "*Vem comigo que depois eu te explico*". Coloquei Kaká no carro, levei-o até a operadora telefônica, peguei um chip da minha conta empresarial, entreguei a ele e resolvi o problema. Desse dia em diante, nunca mais nos separamos. Nos tornamos melhores amigos. Hoje moro no mesmo condomínio que ele em Alphaville, somos amigos-irmãos, e ele já participou de mais de dez edições do Poder do Network.

É muito comum cairmos nessa armadilha, principalmente quando temos talento, carisma e favor. As portas se abrem. As propostas surgem. As pessoas te querem em mil lugares ao mesmo tempo. E se você não tiver clareza, acaba se tornando refém da agenda dos outros. De repente, você não está mais vivendo seu propósito – está apenas girando em torno das expectativas alheias. Sabe o que é isso? Perda de foco. Perda de identidade. Perda de força.

> **"APERTE O BOTÃO DESFRAGMENTAR NA SUA VIDA E FAÇA UM CLEAN-UP NA SUA MENTE."**

Eu decidi que isso não ia mais acontecer comigo. Eu me sentei, olhei tudo o que fazia, tudo em que estava envolvido, e comecei a cortar. Reduzir. Deixar ir. Algumas decisões foram dolorosas. Outras pareciam radicais. Mas, dentro de mim, uma paz foi se estabelecendo. Fuja dos ladrões de tempo, dar certo na vida é dizer não para coisas boas. Pare de pegar oportunidades que só te tiram do foco.

Eu sabia: estava voltando ao centro. Ao que realmente me movia. E, mais do que isso, sabia que só assim o extraordinário viria. Porque ninguém constrói algo grandioso enquanto está dividido entre cem pequenos esforços. O milagre da multiplicação começa com um pão e dois peixes – não com um mercado inteiro de distrações.

A partir dali, tudo mudou. O público percebeu. Minha equipe sentiu. Meu espírito se alinhou. Os resultados começaram a crescer não porque eu fazia mais, mas porque fazia menos – com mais intenção, mais profundidade, mais presença. E é isso que eu quero que você descubra neste capítulo: que existe uma potência absurda dentro de você que está sendo desperdiçada na fragmentação. E que, se você decidir alinhar tudo o que você tem e tudo o que você é em uma única direção, vai viver algo que nunca imaginou. Lembre-se dos primeiros cursos de informática, quando você aprendia a fazer um "clean-up" no computador e uma desfragmentação de disco, para que ele organizasse sua memória e processasse com mais velocidade.

O mundo está cheio de pessoas ocupadas, cansadas e frustradas. Mas poucas estão dispostas a fazer o que é necessário: parar, silenciar, discernir e escolher. Porque, sim, vai exigir escolha. Vai exigir dizer *"não"* com coragem. Vai exigir fechar ciclos. E isso assusta. Mas também liberta. Porque a clareza que você ganha ao descobrir sua única coisa é maior do que qualquer segurança que a multiplicidade pode te oferecer. Quando você foca, o céu foca com você. E o que antes era força dividida, agora é potência direcionada.

O PODER DO FOCO

Foco não é apenas uma questão de atenção – é uma declaração de propósito. Quando você escolhe focar, está dizendo ao mundo, ao céu e a si mesmo: *"Eu sei aonde quero chegar"*. E, por incrível que pareça, a maioria das pessoas ainda vive sem essa clareza. Vivem ocupadas, mas não produtivas. Cheias de atividade, mas vazias de direção. Eu mesmo passei por isso.

Vou te falar algo para a vida: você pode ser aquela pessoa que abraça tudo, que diz sim a todo projeto, que acredita que, quanto mais se envolver, mais portas vão se abrir. Mas o que costuma acontecer é justamente o contrário: quanto mais você se divide, menos avança.

Chega um momento em que é preciso cair na real. Começar a observar quem cresce com consistência, quem se torna referência, quem deixa legado. Você vai perceber algo em comum entre todas essas pessoas: foco. Elas decidiram viver por uma única coisa. Têm um tema, uma bandeira, uma causa, uma especialidade. E isso dá a elas clareza de mensagem, força de execução e consistência de imagem. Enquanto isso, quem tenta correr de um lado para o outro, agradando todo mundo e dizendo sim até para o que contraria a própria identidade, acaba se perdendo no caminho.

Foi duro admitir, mas eu estava sendo raso. Superficial. Com boa intenção, mas sem profundidade. Foi então que decidi mudar.

Respirei fundo e me fiz uma pergunta simples, mas que poucos têm coragem de responder: *"O que é, de verdade, a minha única coisa?"*. E quando falo *"única coisa"*, não estou dizendo que você só pode fazer uma tarefa na vida, e sim que sua energia principal, sua imagem pública, sua essência profissional e espiritual precisam estar alinhadas em torno de algo que traduza o seu chamado. Aquilo que faz seus olhos brilharem, sua alma arder, sua mente girar à noite sem parar.

Descobrir isso foi libertador. Eu percebi que, quando você encontra sua única coisa, tudo ao redor se alinha. As decisões se tornam mais simples. Os *"nãos"* ganham sentido. Os desvios perdem força. A sua comunicação fica mais direta. E as pessoas começam a associar sua imagem àquilo que você realmente carrega. Foi assim comigo. No dia em que entendi que o meu chamado estava diretamente ligado a conexões, network e desbloqueio de destino, tudo mudou. Não que antes eu não fosse bom em outras coisas. Mas ali, naquele eixo, estava minha unção. Meu favor. Minha multiplicação.

Vivemos numa era de muitas vozes. Todo mundo tem algo a dizer. Todo mundo tem um produto, uma mentoria, um curso, uma palestra, um evento. E, no meio de tanto barulho, quem se destaca é quem tem clareza: clareza de voz, clareza de identidade, clareza de direção. E isso só nasce com foco.

Foco não é ter tempo. É escolher onde seu tempo será investido. É tomar a decisão, todos os dias, de ignorar o que é bom, porque você está comprometido com o que é excelente.

Eu precisei perder algumas oportunidades para ganhar destino. Precisei dizer não para convites tentadores, que me trariam exposição, dinheiro, status, mas que me levariam para longe da minha rota. E sabe de uma coisa? Nunca me arrependi. Porque, quando você diz não com base em propósito, o céu diz sim para sua obediência. Deus honra quem está disposto a parecer louco por um tempo para construir algo eterno. E o foco tem muito disso: parecer loucura aos olhos de quem só enxerga o agora. Enquanto todo mundo se espalha tentando alcançar o máximo de áreas possível, o focado cava fundo. Planta firme. Regenera raízes. Constrói base. E, quando o tempo certo chega, o que parecia pequeno explode. O que parecia lento, avança. O que parecia comum, vira autoridade. Eu sou prova disso. Quando decidi que colocaria todos os meus esforços em um único pilar – conexões de valor –, os resultados se multiplicaram como nunca antes. E não foi porque descobri um novo talento, mas porque parei de dividir minha força com o que não sustentava meu propósito.

As pessoas confundem foco com monotonia. Mas não há nada mais poderoso do que alguém que acorda todos os dias com o mesmo propósito. Que alinha todas as suas ações na mesma direção. Que filtra suas decisões com base no mesmo objetivo.

Isso é foco. Isso é liberdade. Liberdade de não precisar provar nada para ninguém. Liberdade de não precisar abraçar tudo. Liberdade de saber que, mesmo fazendo menos, você está fazendo mais do que nunca. Foco é também uma forma de fé. É acreditar que o que Deus te deu é suficiente. Que o que você carrega, quando bem direcionado, pode alcançar muito mais do que um milhão de tentativas vazias.

E é por isso que, hoje, eu vivo e ensino isso com tanta convicção. Porque já vi, na minha própria vida, o que acontece quando você para de se dividir e começa a se entregar por completo a algo que realmente faz sentido. Se você quer viver algo extraordinário, precisa começar eliminando o que é só bom. Porque o bom é inimigo do excelente. E o excesso de tarefas sem propósito é um dos maiores ladrões de destino. A vida sempre vai te oferecer mil caminhos. Mas o céu só vai abençoar aquele que carrega o seu nome. E você precisa discernir isso. Precisa ter coragem de sair da corrida maluca da produtividade e entrar no ritmo intencional do propósito.

Você não precisa de mais coisas. Precisa de mais clareza. E, com clareza, o foco se torna inevitável. E, com foco, os resultados deixam de ser medianos e passam a carregar a marca da excelência.

O JOGO DO EQUITY

Durante boa parte da minha caminhada, eu pensava como a maioria das pessoas pensa: trabalhar bastante, ganhar dinheiro, acumular bens e garantir segurança. Essa era a métrica do sucesso. Era o modelo que eu enxergava ao meu redor. E confesso que, por muito tempo, até funcionou. Eu era movido pela busca de faturamento, de margem de lucro, de crescimento financeiro imediato. E, embora não houvesse nada de errado com isso, havia um limite. Um teto invisível que eu batia, não por falta de esforço, mas por falta de visão.

Foi então que algo começou a mudar dentro de mim. Comecei a observar pessoas que haviam construído legados, e não apenas negócios. Pessoas que, mesmo depois de anos sem estar à frente das operações, ainda colhiam frutos do que haviam plantado com sabedoria. Pessoas que não estavam correndo atrás de dinheiro – estavam construindo valor. E foi nessa fase que me deparei com um conceito que virou minha chave: equity.

Equity não é sobre quanto você ganha agora. É sobre quanto vale o que você está construindo. É sobre participação, não apenas comissão. Sobre ter parte em algo maior, e não apenas ser pago por uma tarefa. Quando entendi isso, percebi que precisava parar de pensar como alguém que presta serviço e começar a agir como alguém que constrói ativos. Que participa. Que soma de forma estratégica.

Flávio Augusto foi um dos primeiros homens que me fez refletir profundamente sobre isso. Ele dizia que preferia construir algo que valesse milhões e pudesse vender depois, do que apenas ter um bom salário hoje. Ele estava olhando para o jogo de longo prazo, e eu percebi que o meu pensamento ainda era imediatista. Eu estava trocando tempo por dinheiro, e não tempo por valor. Trabalhava muito, sim. Mas para quem? E com qual visão? Estava construindo apenas para pagar boletos ou para deixar um legado?

Foi aí que comecei a virar a chave na forma como me posicionava em projetos. Parei de aceitar todas as propostas que pagavam bem no curto prazo e comecei a olhar para aquelas que me inseriam em estruturas, em movimentos, em histórias com potencial de crescimento. Passei a buscar oportunidades onde pudesse ter participação, onde somasse como parceiro, e não apenas como prestador. E isso exigiu uma mudança profunda: mental, emocional e espiritual.

Porque equity exige visão. Exige paciência. Exige fé no processo. Exige renunciar a ganhos imediatos para colher frutos sustentáveis. E nem todo mundo está preparado para isso. Mas, sinceramente, eu preferi deixar de ganhar hoje para construir algo que me sustenta amanhã. Porque, no fim, o que constrói liberdade não é o quanto você ganha – é o quanto você participa do que está sendo construído.

É por isso que, hoje, em tudo o que faço, me pergunto: isso me insere ou apenas me paga? Isso me posiciona ou apenas me recompensa? Isso constrói valor ou apenas esgota minha energia?

Se a resposta não aponta para construção, eu reavalio. Porque minha vida não pode ser gasta em trocas temporárias. Precisa ser semeada em projetos que gerem permanência.

Equity não é só sobre empresa. É sobre mentalidade. É entender que você não está aqui apenas para resolver problemas, mas para cocriar soluções. Que você não vive somente para entregar tarefas, mas para gerar impacto. Que você não caminha só para bater metas, mas para deixar marcas. E isso muda tudo. Muda sua forma de negociar, de se apresentar, de se posicionar, de liderar.

Comecei a orientar meus mentorados a pensarem dessa forma também: a parar de trocar horas por dinheiro e a começar a construir ambientes nos quais pudessem ter participação verdadeira. Onde não fossem apenas "*mais um*", mas se tornassem peças-chave. Pessoas que agregam tanto valor que se tornam indispensáveis. E, quando isso acontece, você não é mais pago por hora – é pago por presença, por influência, por resultados.

E, claro, isso assusta. Porque é mais fácil viver no ciclo previsível do salário. Do pagamento no final do mês. Mas o preço da previsibilidade é a limitação do potencial. E o equity te convida para um lugar de liberdade. De autoria. De construção real. E quem entende isso, não volta atrás.

Eu não quero apenas negócios. Quero legado. Quero construir algo que sobreviva a mim. Que meus filhos possam continuar. Que meus mentorados possam se inspirar. Que meus amigos possam multiplicar.

Porque, no final, ninguém será lembrado pelo que acumulou – mas pelo que construiu. E quem constrói com visão, constrói com equity.

Você pode continuar girando a roda sozinho, fazendo sempre mais para ter o mesmo. Ou pode parar, respirar e escolher começar a edificar algo que te dê participação real. Algo que, mesmo nos seus dias de descanso, continue crescendo. Porque valor de verdade não é o que entra na sua conta – é o que você constrói quando está totalmente alinhado com o que nasceu para viver.

CAPÍTULO 5

AMBIÊNCIA: O AMBIENTE MUDA O JOGO

> **A situação que você está vivendo hoje não define quem você é.**
>
> – BRUNO AVELAR

Tem pessoas que acreditam que o segredo está na força de vontade. Outras apostam no talento. Algumas juram que é o trabalho duro que faz tudo acontecer. E, embora todos esses elementos tenham seu valor, há algo que aprendi a duras penas e que mudou completamente a maneira como enxergo o crescimento: o ambiente certo tem o poder de acelerar ou sabotar completamente o seu destino. Você pode ter a visão mais clara, a estratégia mais bem definida, o coração mais sincero. Mas, se estiver no ambiente errado, tudo isso corre o risco de morrer na estaca zero. Ambiente não é só cenário – é atmosfera. É o que molda seu pensamento, afeta seu espírito, alimenta ou afoga sua fé. E, muitas vezes, a prisão mais perigosa não é a que vemos do lado de fora, mas a que aceitamos viver por dentro, justamente por estarmos cercados de vozes, padrões e limitações que não combinam mais com o nosso chamado.

Durante minha caminhada, precisei mudar de ambiente mais de uma vez. E não foi por rebeldia, ingratidão ou vaidade. Mas sim por sobrevivência. Eu sabia que, se continuasse me adaptando a contextos que não condiziam mais com o que Deus havia colocado dentro de mim, acabaria morrendo espiritualmente – mesmo estando cercado de atividade, agenda cheia e relacionamentos antigos.

Porque há lugares que acomodam, mas não ativam. E, pior, existem círculos que validam sua versão anterior, mas rejeitam sua próxima estação.

É difícil romper com aquilo que nos deu segurança por tanto tempo. Mas é necessário. Crescer dói. Evoluir assusta. Mudar de ambiente exige fé. Mas, em todos os momentos em que obedeci a esse impulso de transição, percebi que Deus já havia preparado, do outro lado, um solo mais fértil, conexões mais maduras e desafios que me fariam subir de nível.

Olhe com honestidade para o ambiente em que você está hoje – e perceba se ele está te empurrando para o seu destino ou te anestesiando longe dele. Pode ser que o próximo passo da sua vida não seja fazer mais, mas apenas mudar de ambiente. E, às vezes, esse deslocamento é tudo o que falta para ativar o que Deus já confiou a você há muito tempo.

Quero que você participe comigo deste livro! Aponte a câmera do seu celular para este QR Code, siga meu Instagram e envie um vídeo no meu Direct contando seu depoimento que iremos postar.

O PODER DO AMBIENTE

Eu venho de uma realidade simples. Interior de Minas, bairro humilde, casa pequena e um mundo do tamanho do que cabia na minha janela. A primeira vez que ouvi alguém falar de *"ambiente"* como algo que moldava o futuro de uma pessoa, eu não entendi. Parecia papo de gente que teve tudo na vida, que estudou nas melhores escolas, que teve acesso a tudo o que eu nunca tive. Mas a vida se encarregou de me ensinar, com força e clareza, que o ambiente no qual você está inserido é capaz de alimentar ou assassinar o seu propósito.

Algumas pessoas têm talento, têm fé, têm visão. Mas nunca florescem. Nunca rompem. Nunca saem do lugar. E quando você olha mais de perto, percebe que o problema não está na semente – está no solo. Por melhor que seja a semente, se o ambiente não for fértil, ela não cresce. E por mais fé que você tenha, se estiver em um ambiente que suga sua força, que sabota sua identidade, que descredibiliza seus sonhos, uma hora você começa a se conformar. A aceitar menos. A acreditar que *"é isso mesmo"*. E, pior: a duvidar do que Deus falou a seu respeito.

Durante muito tempo foi assim comigo. Eu achava que ser leal às minhas raízes significava permanecer preso àquela geografia. Mas, aos poucos, fui percebendo que existia uma diferença entre honrar sua origem e estar limitado por ela. Honrar é reconhecer. É agradecer. É olhar para trás com gratidão. Mas permanecer em um ambiente que te limita, te paralisa, te intoxica emocionalmente –

isso não é honra. Isso é cativeiro. E cativeiro, por mais confortável que pareça, não é o lugar de destino de ninguém.

Foi preciso coragem para sair. Para deixar para trás algumas convivências, alguns ciclos, alguns lugares que me conheciam demais para permitir que eu mudasse. Porque tem isso: certos ambientes já criaram uma versão sua que eles não querem que evolua. Pessoas que se acomodaram à sua versão limitada e que vão resistir a qualquer movimento de crescimento. E se você não estiver atento, acaba se diminuindo para caber. Apaga a própria luz para não incomodar. Segura seus planos para não ser chamado de soberbo. Esconde suas vitórias para não causar inveja. E, sem perceber, vai morrendo aos poucos dentro de um ambiente que te aplaude justamente quando você é menos do que nasceu para ser.

Mas Deus não te criou para viver preso em ambientes que não te refletem mais. E quando Ele quer te mover, Ele começa a te inquietar. As conversas que antes faziam sentido começam a cansar. Os lugares que antes te preenchiam passam a parecer apertados. As rotinas que antes davam conforto agora pesam. É o Espírito te dizendo: *"Você cresceu. Está na hora de mudar"*. E se você ignorar isso por muito tempo, vai começar a adoecer. Não fisicamente, mas emocionalmente, espiritualmente, existencialmente. Porque ninguém floresce em solo tóxico.

Mudar de ambiente não é fugir. É obedecer a um impulso de crescimento. Quando me mudei para o exterior, eu não estava apenas trocando de país. Estava atendendo a um chamado interno de transição. De elevação. De expansão. E cada vez que obedeci a esse movimento, Deus me posicionou em ambientes onde minha fé foi esticada, minha visão foi ampliada, minha mente foi renovada.

E, principalmente, onde pessoas que carregavam algo maior do que eu começaram a caminhar ao meu lado.

Ambiente é mais do que espaço físico. É atmosfera. É energia. É mentalidade compartilhada. É o nível de conversa que acontece à sua volta. É a régua de excelência que te cerca. É a visão que predomina no ar. E você precisa ser honesto consigo mesmo: o ambiente em que você está inserido hoje está empurrando você para a frente ou segurando você no mesmo lugar?

Teve uma fase em que precisei me afastar de algumas rodas. Não porque eu me achava melhor. Mas porque entendi que estava me tornando alguém que eu não reconhecia mais. Estava me acomodando. Estava negociando princípios. Estava diminuindo minha intensidade. E tudo isso em nome de manter relações que já haviam cumprido seu papel. Foi doloroso, mas necessário. Porque a manutenção de ambientes ultrapassados tem um custo alto demais: a sua identidade. Quando você muda de ambiente, não é apenas o lugar que muda. É você. Seu vocabulário muda. Seus pensamentos se expandem. Sua maneira de sonhar se eleva.

Você começa a perceber que o que antes parecia impossível é só o mínimo para quem já acessou uma nova atmosfera. E essa é a beleza de andar com quem te desafia: você é confrontado a crescer. A melhorar. A afiar sua excelência. A entregar mais. E isso te cura. Te fortalece. Te reposiciona. Ambientes certos não são aqueles que te bajulam. São aqueles que te alinham. Que te lembram do seu chamado. Que te recordam da sua responsabilidade.

Eles te puxam quando você começa a afrouxar, te devolvem para a rota quando você se distrai e, principalmente, te fazem sentir que é possível. Porque, se tem algo poderoso, é estar perto de pessoas que já acessaram o que você ainda está construindo. Elas te poupam tempo. Te emprestam visão. Te ajudam a cortar caminho.

Ambientes errados adoecem; ambientes certos curam. Ambientes errados confundem; ambientes certos te lembram quem você é. E eu decidi que, por mais difícil que fosse, eu sempre escolheria estar onde minha fé é desafiada, minha mente é ampliada e meu coração é afiado. Porque esse é o tipo de lugar onde Deus faz coisas grandes.

Você não precisa ser produto do ambiente onde nasceu. Pode ser fruto do ambiente que escolheu construir. E, se necessário, que decidiu buscar. Porque o lugar onde você está hoje não define quem você é – define apenas o que você ainda tolera. E, talvez, seja hora de parar de tolerar ambientes que sabotam sua identidade e começar a buscar com intencionalidade os que vão ativar seu propósito. Lembre-se: ambientes transformadores são feitos de pessoas que sabem conectar almas. É por isso que o "network certo muda o destino".

CRENÇA DE MERECIMENTO E PERTENCIMENTO

Uma das maiores prisões que impedem as pessoas de entrarem em ambientes transformadores não é financeira nem geográfica – é mental. Muita gente não acessa o que Deus já preparou porque, no fundo, acredita que não merece. Existe uma espécie de código invisível que diz: *"Você não é digno de estar aqui"*. E esse código não é real – mas, se você acredita nele, ele se torna verdade dentro de você. Foi assim que eu percebi, em muitos momentos, que não bastava abrir a porta; era preciso também acreditar que eu podia atravessá-la.

A crença de merecimento está diretamente ligada à nossa história. Crescemos ouvindo frases como *"dinheiro não dá em árvore"*, *"pra rico é fácil"*, *"quem nasce pobre morre lutando"*, *"dinheiro não presta"*, *"dinheiro só traz desgraça"*. Essas palavras, embora pareçam inocentes, criam uma programação no subconsciente. E, quando você cresce cercado por isso, sem perceber, começa a construir um teto invisível sobre sua própria cabeça. Um teto que limita o quanto você se permite prosperar, crescer, se destacar.

Houve uma fase da minha vida em que eu me sentia pequeno em certos lugares. Eu entrava num ambiente de excelência e, mesmo sendo convidado, me sentia um intruso. Olhava ao redor e pensava: *"Será que estou enganando todo mundo?."* Esse sentimento tem nome: síndrome do impostor. E ele costuma bater forte justamente quando você está no lugar certo. Quando Deus te posiciona em um novo nível, mas sua mente ainda está programada para o nível anterior.

Foi preciso um realinhamento profundo. Eu comecei a confrontar essas crenças. A lembrar da minha origem sem deixá-la me limitar. A afirmar para mim mesmo que excelência não era privilégio – era uma escolha. Que ambientes de excelência não eram inalcançáveis – exigiam preparo. Que sucesso não era pecado – era responsabilidade. Que não havia nada de errado em entrar em um hotel cinco estrelas, jantar com investidores ou me sentar com quem carrega sabedoria. E que, se Deus me levou até ali, era porque havia propósito naquilo.

Isso não é sobre arrogância. É sobre identidade. Arrogância é pensar que você chegou por mérito próprio. Identidade é saber que foi Deus quem abriu a porta. E se Ele abriu, é porque você pode andar por ela de cabeça erguida, com o coração alinhado e o propósito firme. Não com medo, nem com culpa, mas com gratidão e responsabilidade. A sensação de não pertencimento surge quando você se enxerga com os olhos da limitação, e não com os olhos da promessa. Quando ainda acredita que é apenas aquele menino da periferia, aquele jovem quebrado, aquele adulto cheio de marcas. Mas Deus não te vê assim. Ele te vê completo. Ele te vê pronto. Ele te vê capaz. E quando você começa a enxergar a si mesmo dessa forma, os ambientes que antes te intimidavam passam a te reconhecer.

Pertencer não é ser aceito por todos. É estar convicto de quem você é, independentemente do lugar onde esteja. E quando essa convicção se estabelece, você para de mendigar atenção e começa a oferecer presença. Para de competir e começa a contribuir. Para de se esconder e começa a se posicionar. Porque entende que não está ali para provar nada, e sim para cumprir algo.

Lembro-me de um jantar em que estavam presentes grandes nomes do mercado – pessoas com milhões na conta, empresas consolidadas e influência global. No começo, fiquei calado, apenas observando, tentando entender o tom das conversas. Mas, em determinado momento, um deles me perguntou sobre minha visão de propósito e network. E eu falei. Falei com verdade. Falei com humildade. Falei com autoridade. Quando terminei, um deles disse: *"Era isso que a gente precisava ouvir hoje"*. Naquele momento, entendi que meu valor não estava no que eu tinha, mas no que eu carregava.

É isso que as pessoas precisam entender: o valor não está no saldo bancário, na aparência ou nas conquistas. Está no que Deus plantou dentro de você. E quando você se posiciona com essa consciência, os ambientes começam a te reconhecer. As portas se abrem não porque você forçou, mas porque sua presença carrega solução. E solução sempre tem lugar garantido.

Destruir crenças limitantes é um processo. Exige vigilância. Exige intencionalidade. Exige confrontar memórias, ressignificar histórias, reescrever narrativas internas.

Mas vale a pena. Porque do outro lado dessa desconstrução existe uma nova versão sua. Mais leve. Mais segura. Mais disponível para o que Deus quer fazer.

Você não precisa ser perfeito para pertencer. Precisa apenas estar disposto a crescer. E quando seu coração está nessa posição, Deus te leva onde você nunca imaginou estar. Não porque você quer aparecer, mas porque Ele quer te usar. E, se Ele quer, então se prepare: os ambientes vão mudar. As pessoas vão se transformar. As conversas vão subir de nível. E você também. Porque quem tem a identidade restaurada tem o acesso liberado. Você nasceu para pertencer – a ambientes de fé, de sabedoria, de excelência, de destino. Então, não aceite menos do que isso. O mesmo Deus que te tirou do Egito quer te levar até Canaã. E, para isso, Ele vai começar mudando o ambiente à sua volta – e, principalmente, o ambiente dentro de você.

Deus não precisa de nada que você perdeu para te levar ao próximo nível. Ele vai usar o que sobrou. Na maior crise do Egito, faraó tinha a visão, mas José tinha a revelação. Isso prova que, quando Deus quer te levar para o próximo nível, Ele não te dá coisas, Ele te apresenta pessoas.

CAPÍTULO 6

ESTRATÉGIAS PRÁTICAS DE CONEXÃO

> **A forma de comunicar atrai. Seja grande.**
>
> – BRUNO AVELAR

Se tem uma coisa que mudou tudo na minha vida, foi aprender a me conectar de forma intencional. Não é só sobre estar em um ambiente certo; é sobre saber como se apresentar nesse ambiente. É sobre saber como comunicar o que você carrega. Porque a verdade é simples: não basta ter algo poderoso dentro de você – você precisa saber como colocar isso diante das pessoas certas, da maneira certa.

Eu já vi pessoas com talentos incríveis, histórias impressionantes e resultados reais sendo completamente ignoradas. Não por maldade, mas por falta de estratégia – por não saberem se apresentar, por não compreenderem o poder da linguagem, do posicionamento, da imagem, da clareza. Ao mesmo tempo, já vi pessoas com entregas medianas sendo notadas, valorizadas e impulsionadas – tudo porque sabiam comunicar o que carregavam.

O mundo valoriza quem sabe se posicionar. E isso não tem nada a ver com arrogância. Tem a ver com verdade, com coragem, com autenticidade. Eu aprendi, na prática, que a forma como você se apresenta define se a próxima porta se abrirá ou não. Às vezes, é uma frase. Um olhar. Uma abordagem bem feita.

Uma forma simples, mas impactante, de dizer quem você é, de onde veio e para onde está indo. E isso faz toda a diferença.

Tem pessoas que acham que network é puxar conversa à toa, é entregar cartão em evento, é marcar reunião sem propósito. Não. Network de verdade é conexão com intencionalidade. É saber que você se aproxima de alguém não apenas para pedir algo, mas porque tem algo a oferecer. E, mais ainda, é saber discernir o tempo certo, o tom certo, a entrega certa. Conexão, antes de ser relacionamento, é leitura. É sensibilidade. É percepção.

Quando entendi isso, comecei a transformar meus encontros em chaves. Uma reunião deixava de ser apenas uma reunião e passava a ser um portal. Uma apresentação deixava de ser formalidade e virava semente de relacionamento. E, quando isso se repete, você percebe: não está apenas falando com pessoas – está construindo pontes. E pontes certas te levam a lugares que, sozinho, você levaria anos para alcançar.

Devemos nos apresentar com verdade e impacto. Discernir conexões com sabedoria. Deixar de ser apenas mais um na multidão e se tornar uma presença que as pessoas querem manter por perto. Porque conexão não é sorte – é preparo. E quem entende isso para de esperar oportunidades e começa a construí-las.

TÉCNICAS DE APRESENTAÇÃO E CONEXÃO

Não tem coisa mais frustrante do que carregar algo valioso e não saber como comunicar isso. Eu vivi isso por muito tempo. Me sentava em mesas importantes, com gente relevante, e sentia que minha presença era invisível. Não era porque eu não tinha o que entregar, nem por falta de conteúdo – era simplesmente porque eu não sabia me apresentar. E quando você não sabe se posicionar, alguém vai fazer isso por você. E, acredite, nem sempre a leitura do outro é justa com aquilo que você carrega.

A primeira coisa que precisei entender foi: comunicação não é sobre o que eu falo, é sobre o que o outro entende. E mais do que isso: a forma como eu falo determina se o outro vai parar para me ouvir. No mundo das conexões, poucos segundos fazem toda a diferença. O tempo de uma frase pode definir se alguém se interessa ou se desconecta. Por isso, a sua apresentação precisa ser afiada, intencional e verdadeira.

Muita gente acha que se apresentar é falar o currículo inteiro. Dizer tudo o que já fez, onde estudou, com quem trabalhou. Mas não é isso que gera conexão. Conexão nasce da clareza, da autenticidade e da relevância. Quanto mais direto e alinhado você for, mais impacto vai gerar.

E isso não tem a ver com decorar um roteiro engessado – mas sim com saber, com convicção, o que você carrega e como isso pode agregar ao outro.

Não se trata apenas de se apresentar bem, mas de se conectar de verdade, conectar almas. Com isso, a comunicação ganha propósito. Eu costumo dizer que a apresentação ideal precisa conter três elementos: autoridade, autenticidade e valor.

Autoridade, porque as pessoas precisam saber que você tem base. Que não está começando hoje. Que tem vivência, história, consistência. Autenticidade, porque ninguém se conecta com um personagem. Conecta-se com pessoas reais, com histórias de verdade. E valor, porque as pessoas não se movem apenas pela sua jornada – elas se movem pelo que você pode gerar na vida delas.

Foi por isso que comecei a construir uma apresentação curta, direta e impactante. Algo como:

"Meu nome é Bruno Avelar. Sou investidor, conselheiro de empresas e executivos de alta performance. Mestre em vendas, atuo também como palestrante, escritor, e sou fundador do Poder do Network, um programa de treinamento e educação empresarial que reúne alguns dos maiores especialistas do Brasil em diversas áreas. Perito em solucionar problemas e mediar conflitos, tenho como missão transformar vidas e ativar pessoas".

Perceba: não estou apenas dizendo quem eu sou. Estou comunicando o que eu faço, com quem eu me conecto e qual é o valor que eu entrego. Isso, em segundos, posiciona. E o mais importante: desperta o interesse de quem está do outro lado. A comunicação é uma porta. Se você não souber abrir, pode passar despercebido até nos ambientes mais poderosos.

E sabe o que mais dói? Ver alguém menos preparado, menos experiente, ocupando lugares que poderiam ser seus – simplesmente porque soube se apresentar melhor. Isso não é sobre competição – é sobre intencionalidade. É sobre não desperdiçar os encontros que a vida te oferece. Por isso, sempre que eu entro em um ambiente, não fico esperando ser notado.

Eu leio a atmosfera, observo quem está ali, identifico quem carrega algo que se conecta ao meu propósito. E, quando tenho a chance, me apresento com verdade e estratégia. Sem forçar, sem bajular. Apenas com clareza e entrega. Porque, no fundo, todos nós estamos procurando conexões reais. Só que, às vezes, a falta de habilidade em se comunicar faz a ponte desabar antes mesmo de ser construída. Networking não é sobre o que você vai buscar na mesa, mas sim sobre o benefício que você traz para a mesa.

Outro ponto essencial é o tom da comunicação. Tem pessoas que são boas no conteúdo, mas erram na emoção. Falam como se estivessem pedindo desculpas por existir. Usam palavras inseguras, voz baixa, postura retraída. E isso transmite o quê? Insegurança. E ninguém se conecta profundamente com quem não transmite firmeza. Não estou dizendo que você precisa ser arrogante – longe disso. Mas precisa estar inteiro na sua fala. Precisa comunicar com o corpo, com o olhar, com a convicção.

> **"SE VOCÊ NÃO CONTAR A SUA HISTÓRIA, NINGUÉM IRÁ CONTAR POR VOCÊ."**

Uma coisa que sempre reforço com meus mentorados é: aprenda a falar os seus *"big numbers"* – com verdade, sem exagero, mas com autoridade. Se você já faturou alto, diga. Se já impactou vidas, conte. Se tem algo comprovado para mostrar, mostre. Não esconda o que Deus já fez na sua trajetória por medo de parecer vaidoso.

Quando você fala os seus números com humildade e clareza, você inspira. Você ativa o outro. Você mostra que é possível. E, acima de tudo, você se posiciona.

Conexão de verdade acontece quando existe intenção clara dos dois lados. Quando um sabe o que está procurando e o outro sabe o que tem para oferecer. E isso só é possível quando a comunicação é limpa, estratégica e cheia de propósito.

Eu não estou aqui para impressionar. Estou aqui para entregar. Para gerar valor. Para construir algo duradouro. E é isso que precisa estar por trás de cada palavra que sai da sua boca.

Se você não sabe se apresentar, aprenda. Se tem dificuldade com isso, treine. Se já errou antes, recomece. Porque toda grande virada na minha vida começou com uma boa conexão. E toda boa conexão começou com uma apresentação bem-feita.

O PODER DA INTENCIONALIDADE

Existem dois tipos de pessoas nos ambientes de conexão: as que esperam algo acontecer e as que fazem acontecer. A diferença entre elas não é talento, não é dinheiro, não é sorte. É intencionalidade. E intencionalidade, ao contrário do que muitos pensam, não é frieza nem manipulação – é ter clareza do que se quer, de onde se está e de como cada passo se conecta com o propósito que se carrega.

Eu aprendi isso cedo, mas precisei amadurecer para aplicar com profundidade. No começo, eu achava que, se fosse bom, as pessoas me notariam. Que, se eu estivesse presente nos eventos certos, as conexões aconteceriam naturalmente. Mas o tempo me mostrou que presença não garante permanência. E muito menos progresso. É preciso mais do que estar: é necessário agir com intenção.

Quando você entra em um ambiente, seja físico ou digital, você precisa saber o que está procurando. Você precisa ter clareza de qual tipo de conexão faz sentido para a estação que você está vivendo. Porque nem toda oportunidade é para agora. Nem toda pessoa precisa estar perto neste momento. E, se você não souber o que está buscando, qualquer conversa pode parecer valiosa – e, ao mesmo tempo, nenhuma será realmente estratégica.

Ser intencional é entrar em uma conversa já sabendo como você pode agregar. É entender que ninguém deve nada a você –

mas que todos podem ganhar com a sua presença, se você souber comunicar e entregar valor.

Eu nunca me aproximo de alguém apenas com a pergunta: *"O que posso conseguir aqui?"*. Minha pergunta sempre foi: *"O que posso contribuir aqui para me tornar memorável, relevante e, acima de tudo, útil?"*.

Jesus foi o maior exemplo de intencionalidade. Cada passo d'Ele era estratégico. Cada conversa, um movimento de alinhamento com o propósito eterno. Ele sabia a hora de falar e a hora de silenciar. A hora de expor e a hora de esperar. E o mais fascinante é que, mesmo sendo Deus, Ele não se impunha – Ele se apresentava. E, ao se apresentar, Ele acessava. Porque onde há clareza, há conexão.

Sabe aquele encontro inesperado que parece coincidência? Muitas vezes, é um teste. Uma ativação. Uma chance divina de você se posicionar e deixar uma marca. Mas, se você não estiver preparado, se estiver distraído ou passivo demais, essa conexão escorre pelas mãos. Eu já perdi conexões assim. Não por despreparo técnico, mas por não estar intencional o suficiente no momento certo. E aprendi: quando Deus permite uma conexão, você precisa estar com os olhos, os ouvidos e o espírito alinhados.

Intencionalidade também envolve disciplina. É o que faz você organizar sua agenda com sabedoria, planejar encontros com propósito, estudar sobre quem você vai encontrar.

Eu já fui a reuniões sabendo mais sobre a pessoa do que ela mesma lembrava. Por quê? Porque me preparei. Porque eu não estava indo apenas conversar – eu estava indo construir algo. E isso faz toda a diferença.

Outra coisa poderosa é aprender a ler ambientes. Há momentos em que o melhor a fazer é escutar; em outros, é compartilhar. Às vezes, uma pergunta bem feita vale mais do que um discurso inteiro. Ser intencional também é ter sensibilidade. É perceber quando é hora de semear e quando é hora de colher. E, principalmente, quando é hora de simplesmente estar ali, presente, sem forçar nada, mas atento a tudo. Essa sensibilidade vem com prática, com maturidade, com oração.

Às vezes, antes de uma reunião importante, eu oro:

"Deus, me dê sabedoria. Se for para falar, que eu fale com propósito. Se for para calar, que eu entenda. Se for para entregar algo, que eu não hesite. E se for para simplesmente estar, que minha presença carregue paz, verdade e intenção".

Uma conexão bem-feita pode mudar sua vida. Mas ela começa muito antes do aperto de mão ou da videochamada. Ela começa na postura do seu coração. Começa quando você decide que não vai desperdiçar encontros. Que não vai viver esperando ser escolhido, mas que vai chegar preparado para oferecer. Que não vai mendigar atenção, mas se posicionar com serviço, com excelência, com verdade.

Intencionalidade é isso: viver com propósito até nos detalhes. É entender que cada café pode ser uma semente, cada reunião pode ser um portal, cada mensagem pode ser o início de algo grandioso. E que Deus está no meio disso tudo – conectando pessoas, ativando destinos e abrindo portas para quem caminha com clareza.

Não espere mais. Não entre em um ambiente apenas como espectador. Entre como alguém que carrega algo de valor. Porque, quando você entende o poder da intencionalidade, você para de contar com o acaso e começa a caminhar no ritmo do propósito. E, nesse ritmo, nada é perdido. Tudo se transforma em construção.

CAPÍTULO 7

MODELAGEM E PERTEN-CIMENTO

> **Seu entorno define seu destino.**
>
> –BRUNO AVELAR

Se alguém me perguntasse qual foi uma das maiores chaves que transformaram minha trajetória, eu responderia sem hesitar: a consciência de que você se torna parecido com quem você anda. Não é uma frase de efeito, não é um chavão motivacional. É uma realidade que eu vi se confirmar na prática – em mim e nas pessoas que caminharam comigo ao longo dos anos.

Muitas pessoas querem viver algo novo, mas continuam se cercando das mesmas referências antigas. Querem crescer, mas continuam presas a ambientes que sabotam. Querem ser ousadas, mas convivem com quem só semeia medo. Querem voar, mas caminham com quem tem medo de altura. E aí não entendem por que a vida não muda. Mas a verdade é que não dá para ter uma mente milionária e andar com quem só reclama do preço das coisas. Não dá para ter uma visão de reino e caminhar com quem só pensa em sobrevivência. Não dá para carregar um propósito gigante e continuar se alimentando de conversas rasas, vazias e cheias de dúvida.

Eu precisei aprender isso a duras penas. Houve uma fase em que eu ainda não pertencia aos ambientes nos quais sonhava estar.

Eu era o *"peixe fora d'água"*. Mas, mesmo assim, eu me colocava nesses lugares. Observava. Aprendia. Me modelava. Porque, ainda que eu não fosse parte daquilo naquele momento, eu sabia que estava a caminho.

Eu já tinha entendido que o pertencimento começa por dentro. Antes de você fazer parte de um ambiente com o corpo, você precisa fazer parte com a mente, com a postura, com a entrega, com a alma. O pertencimento é a forma mais profunda de network. E isso exige modelagem. Muitas pessoas confundem modelagem com cópia. Mas não tem nada a ver com isso. Modelar é reconhecer que alguém chegou a um lugar onde você deseja estar – e aprender com a trajetória, com os erros e acertos, com a sabedoria, com a postura. É extrair valor sem perder a identidade. É se espelhar sem se anular. É olhar e dizer: *"O que essa pessoa faz que eu posso adaptar à minha realidade com excelência, sem perder a minha essência?"*.

Modelar é reconhecer que ainda há muito para crescer. É escolher se aproximar de quem te desafia, te inspira, te confronta – não de quem te afaga e te acomoda. Modelar é saber que todo acesso exige preparo, e que, muitas vezes, o ambiente não rejeita você por maldade, mas porque ainda não há compatibilidade entre o que você carrega e o que aquele ambiente exige. E aí entra o pertencimento. Porque, quando você modela bem, você começa a mudar de postura, de mentalidade, de vocabulário, de comportamento. E, sem perceber, passa a pertencer àquilo que antes te intimidava. O ambiente já não te assusta, porque você se preparou para ele.

E mais: você começa a ser notado. Começa a ser convidado. Começa a ser chamado – não porque você se impôs, mas porque agora você emana o tipo de presença que aquele ambiente reconhece como familiar.

Eu me lembro de várias situações em que estava cercado de pessoas que viviam em um nível muito acima do que eu podia acessar naquela época. Financeiramente, emocionalmente, espiritualmente. Mas eu não me escondia. Eu observava. Eu absorvia. Eu me colocava em posição de aprendiz. E isso me transformava. Me fazia crescer por dentro, antes de crescer por fora. Me fazia expandir por antecipação. Modelagem e pertencimento são duas faces da mesma moeda. Você começa modelando para depois pertencer. E, uma vez que você pertence, você também passa a ser referência para outros. Porque o ciclo não termina em você. Ele se multiplica. Outras pessoas vão se inspirar em você. Vão te observar. Vão modelar seu comportamento. E você vai perceber que aquilo que um dia foi desconfortável para você, hoje já é natural. Porque você não apenas chegou lá – você se tornou alguém compatível com aquele lugar. Nada disso acontece por acaso. Leva tempo. Leva intenção. Leva humildade. Mas funciona. E eu sou prova disso. Não por ter conquistado tudo, mas por ter entendido que, antes de viver um novo nível, você precisa se tornar alguém que sustenta esse novo nível. E isso começa pelas pessoas com quem você caminha. Porque, no final das contas, você é a média das cinco pessoas com quem mais convive – e isso vale para o sucesso, para a fé, para os negócios e para a vida.

MODELAGEM DE COMPORTAMENTO

Na minha caminhada, aprendi uma verdade que carrego até hoje: você só alcança um novo nível quando se comporta como alguém que já pertence a ele. Isso não tem a ver com fingimento, não é sobre mentir para si mesmo ou tentar ser alguém que você não é. É sobre alinhar o seu comportamento ao seu destino. Sobre agir de acordo com o que Deus já colocou dentro de você, mesmo que ainda não seja visível para todos.

Tem uma frase do T.D. Jakes que ficou marcada em mim: *"Se você quer ser como eles, caminhe como eles, se comporte como eles, se vista como eles, coma como eles e frequente os lugares onde eles estão"*. E muitas pessoas não entendem o real significado disso. Acham que é encenação, hipocrisia. Mas não é. É um princípio espiritual e emocional de antecipação. É se posicionar no presente como quem já crê no futuro que carrega. É se portar hoje com a excelência de quem sabe para onde está indo, mesmo que o cenário ainda não mostre isso. Você não se veste quando se tornar, você se veste para se tornar. Você não compra um palácio depois que se torna um Rei, você constrói um palácio para se tornar um Rei.

Eu vivi isso diversas vezes. Ainda sem estrutura, sem nome, sem recursos, eu me colocava em ambientes que desafiavam a minha zona de conforto. Lugares onde as pessoas falavam de milhões enquanto eu ainda contava centavos. Onde falavam de "*equity*", "*valuation*", "*escala global*", enquanto eu ainda lutava para pagar as contas. E o que eu fazia? Me encolhia? Tentava disfarçar minha origem? Não. Eu observava. Eu absorvia. Eu me modelava. Porque eu sabia: aquele lugar não me rejeitava, ele estava me moldando. A modelagem começa na escuta. Começa na postura. Começa na humildade de entender que você não precisa saber tudo – você precisa estar disposto a aprender com quem sabe mais. E isso exige maturidade. Na vida, você só cresce estando debaixo de repreensão.

Porque o orgulhoso não modela. Ele compete. O inseguro não modela. Ele se esconde. Mas quem sabe aonde quer chegar, se posiciona para aprender com quem já está lá.

E modelar é isso: olhar para alguém e pensar: *"como ele se veste?"*, *"como ela fala?"*, *"como ele lida com as pressões?"*, *"como ela reage diante de um problema?"*. Não é copiar no sentido raso. É decodificar. É pegar os códigos invisíveis que essas pessoas carregam e começar a aplicar na sua realidade. Porque não adianta você sonhar com uma mesa na qual se fecham grandes negócios se você ainda age como quem negocia com desespero. Não adianta desejar conexões internacionais se o seu comportamento ainda está preso ao vitimismo local.

Eu precisei ajustar minha fala, minha postura, meu tempo de escuta. Precisei entender que presença tem valor. Que pontualidade é respeito. Que silêncio, muitas vezes, vale mais do que qualquer argumento. E fui sendo moldado por cada experiência, por cada mentor, por cada correção. E ali, naquela entrega, fui sendo preparado para viver o que ainda não estava visível, mas já era profético.

Houve ambientes em que eu entrei calado, apenas para observar. E saí de lá transformado, só por ter estado presente. Outras vezes, fui o mais simples da mesa, mas carregava dentro de mim a disposição de aprender, e isso me abriu portas. E, aos poucos, fui percebendo que já não era mais o mesmo. Que aquela roupa me vestia melhor. Que aquela conversa já não me assustava. Que aquela mesa já fazia sentido para mim. Porque a modelagem silenciosa estava fazendo efeito. Estava me ampliando por dentro.

Existem muitas pessoas boas travadas porque ainda não entenderam isso. Querem crescer, mas mantêm hábitos pequenos. Querem expandir, mas continuam reagindo da mesma forma. E aí esperam um milagre, quando, na verdade, Deus já deu o mapa: se aproxime, observe, modele. Ande com pessoas que te desafiam. Se exponha a conversas que te esticam. Sirva onde você deseja pertencer. E, aos poucos, você verá sua mente se alargando, sua linguagem se transformando, sua postura sendo afinada.

Sabe, eu acredito que Deus nos dá acesso por propósito, mas nos mantém pelo preparo. Muitas pessoas até entram em lugares maiores, mas não permanecem – porque não se permitiram ser modeladas. Não quiseram aprender. Não suportaram o desconforto. Mas a modelagem exige isso: o desconforto de estar entre gigantes enquanto ainda se sente pequeno. A humildade de não tentar ser o centro da conversa, mas de absorver o que está sendo dito. A sabedoria de entender que presença já é privilégio. E que, quando você está disposto a aprender, até o silêncio te ensina. Eu nunca me achei pequeno; sempre tive a certeza de que seria grande.

Existe um versículo que diz – parafraseando: *"Vá e governe sobre todas as coisas debaixo do céus"* (Gn 1:28).

Existem pessoas que não estão governando e ainda atrapalham quem quer governar. Governo não é apenas sobre dons e talentos, mas sobre preparo. Tudo o que você atravessou e superou em sua jornada se torna a sua maior riqueza. No mundo executivo e corporativo, chamamos isso de capital intelectual, know-how, expertise e curva de aprendizado. Hoje, esse patrimônio virou moeda: pessoas fazem aquisições e participações em empresas trocando apenas o seu conhecimento por equity.

Nunca tive medo de reconhecer que precisava melhorar. Pelo contrário, isso sempre me deu direção. A modelagem me ensinou a respeitar o processo. A não pular etapas. A não forçar acesso, mas a me preparar para quando ele chegasse. Porque, quando você está pronto, Deus te coloca onde você precisa estar. Mas, quando você chega despreparado, o próprio ambiente te rejeita – não por maldade, mas por incompatibilidade.

Por isso, se você quer viver algo novo, comece a modelar agora. Quem são as cinco pessoas que mais te influenciam hoje? Elas te puxam para cima ou te mantêm onde você está? Elas te inspiram ou te drenam? Elas te desafiam ou só te confortam? A resposta a essas perguntas vai mostrar se você está sendo modelado para o próximo nível ou apenas alimentando o seu antigo padrão.

Modelagem é um ato de fé. É andar com quem já chegou, acreditando que você também vai chegar. E, enquanto isso, comportar-se como quem já entendeu o seu destino. Porque, quando a mente muda, o comportamento muda. E quando o comportamento muda, o ambiente reconhece. E quando o ambiente reconhece, a porta se abre. E aí não tem como parar. Porque você não está se forçando a entrar – você já pertence.

O VALOR DOS RELACIONAMENTOS-CHAVE

Tem pessoas que aparecem na nossa vida e mudam tudo. E, na maioria das vezes, elas chegam de forma simples, sem anúncio, sem fanfarra. São encontros que, aos olhos naturais, poderiam passar despercebidos. Mas, espiritualmente, são como portais – acessos que carregam chaves. Relacionamentos que não apenas abrem portas, mas alteram rotas, encurtam processos, nos conectam a propósitos que jamais alcançaríamos sozinhos. Eu vivi isso, e foi marcante.

Na minha trajetória, não foram os grandes eventos nem os contratos mais valiosos que mudaram meu destino. Foram as pessoas certas. As conexões certas. Os relacionamentos que Deus alinhou no tempo certo. Gente que chegou quando eu ainda era só uma promessa. Quando não tinha muitos números, quando os resultados ainda estavam no campo da fé. Gente que acreditou em mim antes de ser conveniente, antes de haver palco, antes de haver aplausos. E foram essas pessoas que, sem saber, se tornaram fundamentos da minha construção.

É por isso que eu insisto tanto: relacionamentos são ativos de valor eterno. E não estou falando de conhecer muita gente, de ter a agenda cheia, de estar em todos os grupos e eventos. Estou falando de profundidade. De aliança. De presença. De verdade. De pessoas que oram com você, que celebram suas conquistas, que te corrigem quando você vacila, que permanecem quando as luzes se apagam.

Eu me lembro claramente de pessoas que cruzaram meu caminho em fases cruciais. Um amigo que me apresentou alguém que depois se tornou meu sócio. Um mentor que me deu uma direção que salvou minha empresa. Um irmão que me confrontou com amor num momento em que meu orgulho estava prestes a me sabotar. Nenhum deles me deu algo material naquele momento. Mas me deram algo muito mais valioso: visão, clareza, impulso, alinhamento.

E sabe o que é mais interessante? Eu não pedi essas conexões. Eu não forcei. Eu não implorei. Eu servi. Eu estive presente. Eu me mostrei disponível. E, naturalmente, essas conexões aconteceram. Porque relacionamento-chave não se conquista com desespero, mas com presença. Não se estabelece com bajulação, mas com verdade. E, principalmente, não se mantém com interesse, mas com honra.

A honra é a base invisível que sustenta conexões duradouras. É você tratar o outro não pelo que ele tem, mas por quem ele é. É você estar perto sem exigir, sem sugar, sem transformar a relação em moeda de troca. É você entender que existem momentos em que você vai ser o que ajuda – e outros em que você vai precisar ser ajudado. E, nos dois casos, isso não muda o valor da conexão. Porque quem ama, permanece. E quem permanece, transforma.

Eu nunca precisei implorar por portas. Eu servi – e as portas se abriram. Eu cuidei das pessoas – e as pessoas me apresentaram às oportunidades. E, com o tempo, percebi que os relacionamentos que realmente fazem diferença são aqueles carregados de propósito.

Não são conexões rasas. São alianças. São pactos. São pontes que Deus constrói com cuidado, porque Ele sabe o quanto elas são poderosas para o cumprimento do nosso destino.

E, se você me perguntar como identificar um relacionamento-chave, eu digo: observe o fruto. Pessoas que te aproximam de Deus. Que te empurram para crescer. Que não toleram sua mediocridade. Que acreditam no seu chamado mesmo quando você duvida. Que dizem "vai" quando tudo ao redor diz "fica". Que se alegram com suas vitórias como se fossem delas. Que não competem com você – mas colaboram.

Essas pessoas valem ouro. E precisam ser cuidadas. Investidas. Honradas. Porque, muitas vezes, você vai achar que está abençoando alguém – e, no final, vai perceber que era você quem estava sendo abençoado. Já vivi isso dezenas de vezes. Pessoas que eu servi, pensando estar ajudando, mas que depois entendi: era eu quem estava sendo testado. E, ao ser aprovado no teste da honra, recebi acesso, instrução e direção.

Se você deseja crescer de verdade, comece agora a identificar os relacionamentos que Deus já te deu. E cuide deles como quem cuida de uma semente rara. Não espere perder para valorizar. Não espere subir para agradecer.

Comece hoje a cultivar, a regar, a proteger. Porque o seu próximo nível pode não estar em um curso, em um livro, em uma estratégia – mas em uma conversa. Em um abraço. Em um conselho. Em uma conexão que já está ao seu lado, mas ainda não foi ativada.

Relacionamentos-chave são o maior presente que Deus pode te dar. E, quando você os reconhece e os honra, entra em uma rota de favor que nenhum esforço humano seria capaz de gerar. Portanto, seja intencional. Seja sensível. E, acima de tudo, seja grato. Porque quem honra os relacionamentos certos constrói uma história que não se apaga com o tempo – ela se multiplica com ele.

CAPÍTULO 8

SERVIR PARA PERMANECER

> **Servir é a ponte que conecta almas.**
> **Quem serve, permanece.**
>
> – BRUNO AVELAR

Eu nunca precisei pedir espaço onde já havia semeado valor. Os lugares que hoje me recebem de portas abertas, os ambientes onde sou chamado para falar, para aconselhar, para liderar, todos foram construídos da mesma forma: servindo. E quando eu falo de serviço, não me refiro a algo simbólico ou superficial. Estou falando de estar presente, de resolver, de se importar de verdade. Estar nos bastidores com o mesmo zelo de quem ocupa o centro do palco. Ajudar a carregar o peso da missão alheia com a mesma entrega com que carrego a minha própria. Isso não é estratégia. Isso é identidade.

Eu lembro de quando participei dos leilões da família Neymar. Muita gente olhou aquilo e pensou: *"Bruno conseguiu se aproximar, olha aonde ele chegou"*. Mas ninguém viu o antes. Ninguém viu os anos em que estive ali – disponível, silencioso, servindo. Ninguém viu quantas vezes entreguei sem esperar nada, quantas vezes fui leal sem barganhar, quantas vezes permaneci quando não havia visibilidade nenhuma. Foi isso que me deu acesso. Não o carisma. Não o currículo. Mas o coração. As pessoas certas não se conectam com quem brilha. Elas se conectam com quem resolve. E quem serve de verdade não precisa se promover. Ele se torna necessário. E o necessário, ninguém tira do lugar.

Não importa quem chegue, não importa quem esteja na fila, quem serve com verdade permanece. Porque o serviço sustenta o que a imagem não alcança. E, quando você é constante nisso, as portas se abrem sozinhas, não porque você bateu, mas porque já estava do lado de dentro, cuidando da casa antes de ser anunciado.

O PRINCÍPIO DO SERVIÇO

Tudo começou com serviço. Antes das câmeras, antes dos eventos, antes de qualquer notoriedade, havia um Bruno servindo. Não por estratégia, mas por essência. Porque eu entendi cedo que ninguém cresce de verdade tentando ser servido. Quem cresce é quem decide servir. E isso não tem nada a ver com se rebaixar ou se diminuir – tem a ver com entender onde está a verdadeira autoridade. Porque quem serve, lidera. Quem serve, é lembrado. E quem serve com o coração certo, permanece. Eu poderia contar inúmeros episódios da minha trajetória em que o serviço foi a chave, mas tem um que me marcou profundamente. Eu participei de um leilão beneficente da família Neymar. Muita gente vê a foto depois, o vídeo que circula, o convite que recebi, e pensa: *"Bruno está lá porque é influente"*. Mas a verdade é que eu só estava naquele lugar por causa de tudo o que fiz antes, nos bastidores, por anos, sem jamais pedir nada em troca. Eu servi. Eu estive presente. Eu me envolvi com a causa deles, me importei com o que era importante para eles, entreguei valor, estive disponível, fiz o que estava ao meu alcance – e, às vezes, o que não estava.

Fiz sem holofotes, sem interesse, sem nenhuma certeza de retorno. Fiz porque fazia parte de quem eu sou – e foi justamente isso que construiu confiança.

Você pode até forçar uma entrada. Pode comprar um ingresso para um evento, pedir para ser apresentado a alguém importante, usar estratégias para se aproximar. Mas, se não for alguém que serve, você não permanece. Você entra – mas não se sustenta. Porque o que sustenta a presença em ambientes de alta performance não é o talento, não é a lábia, não é a aparência. É o serviço. É a sua capacidade de entregar algo tão verdadeiro, tão útil, tão necessário, que aquela conexão simplesmente não quer te perder. O segredo do network está em servir, e servir é conectar almas pelo valor, não pelo interesse.

Eu vi isso acontecer comigo em diversas áreas. Pessoas que me mantiveram por perto, não porque eu pedi, mas porque eu resolvi algo para elas. Pessoas que me apresentaram a outras pessoas, não porque eu insisti, mas porque eu fui tão relevante que elas queriam compartilhar essa relevância. É incrível como o serviço muda o ambiente. Ele transforma a forma como as pessoas te enxergam. Porque, no mundo atual, onde todos querem receber, quem aparece querendo entregar se destaca naturalmente. E nem precisa dizer muito. Basta aparecer com a disposição de ajudar – mas não de qualquer jeito. Ajudar com excelência, com profundidade, com dedicação. Fazer o que ninguém está fazendo. Oferecer o que ninguém está oferecendo. Pensar o que ninguém está pensando. Isso mostra não só competência, mas maturidade. Mostra que você está ali não apenas por você, mas por uma missão. E quem tem missão, tem permanência.

Porque missão gera propósito. E onde há propósito, as conexões se tornam sagradas. Quantas vezes estive em lugares em que ninguém me conhecia: eventos, salas, almoços, reuniões. Em vez de ficar esperando alguém me notar, eu procurava uma brecha para servir. *"Posso ajudar com alguma coisa?"*, *"Tem algo que eu possa facilitar aqui?"*, *"Quer que eu conecte alguém?"*, *"Precisa de um apoio nisso?"* E não era encenação. Era postura. Porque eu acredito nisso. Porque é assim que se constroem pontes sólidas. Porque é assim que se semeia onde ninguém está disposto a plantar. E essa semente, mesmo que fique anos debaixo da terra, um dia brota. Um dia floresce. Um dia dá fruto – e quando isso acontece, ninguém pode tirar de você.

A autoridade que vem do serviço é diferente de qualquer outro tipo de autoridade. Não é a autoridade do cargo, nem da fama, nem da influência. É a autoridade do exemplo. É a autoridade de quem lavou os pés antes de ocupar o trono. De quem carregou a cruz antes de ser exaltado. De quem foi servo antes de ser líder. E é por isso que Jesus permanece como o maior nome da história. Porque ninguém serviu como Ele. E ninguém impactou tanto quanto Ele. A lógica de Jesus é simples: *"Quem quiser ser o maior, seja o que serve; se quiser ser maior do que todos, sirva a todos"*.

E isso, para mim, não é apenas uma frase bonita – é uma estratégia de vida. É um mapa. Um código. Um princípio eterno.

> **NINGUÉM VALORIZA SEU ESFORÇO, AS PESSOAS VALORIZAM O RESULTADO.**

Quando você entende que o serviço é um lugar de honra, tudo muda. Você para de olhar para o que vai receber e começa a focar no que pode entregar.

Você se posiciona com humildade e, ao mesmo tempo, com autoridade. Você se torna confiável. E confiança é o maior ativo do mundo das conexões.

Porque portas podem ser abertas por talento, mas só a confiança mantém você dentro. E o serviço é a trilha mais rápida – e mais sólida – para construir essa confiança.

É por isso que eu nunca pedi uma indicação. Nunca implorei por espaço. Nunca pressionei para estar em algum ambiente. Eu apenas servi. E, quando necessário, fui lembrado. Quando a hora certa chegou, meu nome estava na mesa. Quando alguém precisou de algo que eu podia oferecer, sabiam a quem chamar. Porque o serviço silencioso constrói reputação – e reputação sólida gera autoridade legítima.

Se você quer permanecer na vida de alguém, sirva. Se quer ser chamado para os lugares certos, sirva. Se quer edificar conexões que atravessam estações, sirva. Sirva mesmo quando ninguém estiver olhando. Sirva com intenção, com excelência, com generosidade. Sirva como Jesus. Sirva como quem sabe que não está fazendo um favor, mas cumprindo um propósito. Porque, no fim, todos se lembram de quem serviu. Todos se conectam a quem foi útil. E todos confiam em quem entregou valor quando ninguém mais entregava. Servir não é o que você faz depois que recebe. É o que você faz antes de ser reconhecido. E, quando você serve com o coração certo, você não precisa de marketing, de palco ou de aplausos. Porque o serviço abre portas que nenhum status consegue manter. E quando o serviço encontra propósito, a permanência é inevitável.

PERMANÊNCIA E RESULTADO

Criar conexão é fácil. Difícil é permanecer. Difícil é ser lembrado quando a multidão desaparece, quando os holofotes apagam e só o que sobra é quem realmente entrega. Eu não permaneci na vida das pessoas porque sou carismático, simpático ou porque faço discursos bonitos. Eu permaneci porque fui necessário. E essa é uma verdade que mudou tudo para mim: você não decide se permanece na vida de alguém. A outra pessoa é quem decide. É ela quem escolhe se você faz falta ou não. E só faz falta quem entrega resultado.

Quando penso em todas as conexões que construí – com o Neymar, com o pai dele, com líderes, empresários, influenciadores –, vejo claramente esse padrão: eu não fui escolhido porque sou o mais bonito ou porque tenho mais tempo. Fui mantido porque, no momento certo, eu apareci com a solução. Quando o problema surgiu, eu estava ali. Disponível. Resolutivo. E é isso que constrói permanência: ser a pessoa certa, na hora certa, com a postura certa, entregando o que precisa ser entregue. Você quer um lugar à mesa? Sirva com excelência. Você quer ficar na mesa? Resolva problemas com excelência. Porque é isso que sustenta qualquer acesso ao longo do tempo: resultado. As pessoas não mantêm por educação, mantêm por necessidade.

Eu permaneci na vida do Neymar porque o pai dele entendeu que eu era necessário. E, um dia, diante de tantos querendo me tirar de cena, ele mesmo respondeu: *"Traz o resultado que ele traz, e eu tiro ele e coloco você"*.

Foi aí que eu entendi de vez – não precisa me defender. O meu resultado é a minha defesa. Essa é uma chave que eu quero que você guarde com força: resultado não se argumenta. Ele fala por si. Quando você entrega, não precisa justificar, convencer, nem se explicar. O seu trabalho, a sua excelência, a sua postura – isso fala. E, no final, é isso que decide quem fica e quem sai.

"Ninguém chuta cachorro morto. Ninguém joga pedra em árvore que não dá fruto. Se estão falando de você, é porque você está incomodando. É porque você está produzindo."

Então, em vez de tentar agradar todo mundo, concentre-se em continuar frutificando. Sirva mais. Resolva mais. Entregue mais. E deixa eu te dizer uma coisa que carrego comigo: o mundo não é justo, mas o mercado é. No mercado, quem entrega permanece. Quem resolve cresce. Quem some nos problemas desaparece das oportunidades. Por isso, pare de querer provar que você é bom. Seja bom. E deixe que o seu resultado fale por você. Quando alguém tentar te tirar de uma posição, não discuta. Apenas continue fazendo o que você faz de melhor. Quem decidirá sua permanência não é quem reclama, mas quem precisa de você. Quantas vezes tentaram puxar meu tapete? Perdi a conta. Mas nunca perderam a evidência de que eu estava ali, resolvendo. E sabe o que acontece? Quando alguém que quer tomar o seu lugar aparece, a pergunta que será feita é simples: *"Ele entrega o que você entrega?"*. Se a resposta for não, fique tranquilo. Você permanece. Porque, no fim das contas, a permanência não é conquistada com discurso, é sustentada por resultado. Essa é uma lição que carrego desde o começo da minha jornada.

No início, eu queria agradar, queria estar em todos os lugares, queria provar meu valor. Até entender que a constância em gerar resultado é infinitamente mais poderosa que qualquer discurso. Hoje, olho para a minha trajetória e vejo que tudo o que me sustentou foi o que eu entreguei. Quando ninguém acreditava, eu continuei servindo. Quando tentaram me diminuir, eu aumentei a minha entrega. E, quando tudo parecia dar errado, eu usei a crise como combustível para entregar ainda mais.

"Você quer ser mantido? Resolva. Você quer ser lembrado? Resolva. Você quer ser indispensável? Resolva. Simples assim."

E não tente ser necessário apenas quando as coisas apertam. Seja sempre. Seja constante. Seja previsível no que entrega. Porque as pessoas se apegam a quem entrega segurança. E isso vem da excelência constante, da disponibilidade coerente, da postura firme e da humildade para servir sempre que for chamado. Agora anota isso aqui:

"Não existe resultado sem presença, e não existe permanência sem relevância".

O que te leva até alguém pode ser uma oportunidade, um convite, uma boa indicação. Mas o que te mantém é o que você representa na vida daquela pessoa. Se ela sente que a sua presença é resolutiva, ela vai manter você por perto. Se você vira mais um na multidão, mais cedo ou mais tarde ela vai te esquecer. Resultado não é sorte, é construção. E permanência não é privilégio, é consequência.

Então, pare de correr atrás de aprovação. Corra atrás de consistência. Pare de correr atrás de aplauso. Corra atrás de transformação. Pare de correr atrás de fama. Corra atrás de impacto. Porque a verdadeira autoridade vem daquilo que você supera.

A Bíblia diz que tudo aquilo que você supera, você governa. Toda cicatriz um dia foi ferida. E se hoje é cicatriz, é porque você venceu. Então, governe sobre essa dor, sobre esse processo, e use isso para servir ainda mais pessoas. Na vida, você não precisa de muitos. Precisa de poucos que enxerguem em você a solução. E, quando isso acontecer, você não vai mais precisar se explicar. O seu nome vai andar sozinho, guiado pelo peso do que você entrega.

E aí, quando tentarem te tirar da mesa, a resposta será simples: "*Traz o que ele traz*". E se não trouxerem, você permanece.

CAPÍTULO 9

OS 5 PASSOS DO NETWORK DE ALTA PERFORMANCE

> **Conexão abre portas, mas só quem gera valor permanece do lado de dentro.**
>
> – BRUNO AVELAR

Tudo o que construí até aqui – cada conexão, cada acesso, cada ambiente que frequentei – me levou a uma convicção clara: não existe resultado consistente no relacionamento profissional e pessoal sem um método. O improviso pode até gerar encontros interessantes, mas não sustenta uma trajetória. E se tem uma coisa que aprendi nesses anos, é que networking não é sobre conhecer pessoas. É sobre gerar valor. É sobre entender o tempo certo de se aproximar, de servir, de se posicionar. É sobre permanência. E permanência só acontece quando a sua presença se torna necessária.

Eu vivi isso na prática. Pessoas se conectam comigo todos os dias. Mas são poucas as que permanecem. Porque permanecer é outra régua. E essa régua é medida por algo que vai além do carisma ou da oportunidade: é a régua da relevância. Eu permaneci na vida do Neymar, por exemplo, não porque eu queria, mas porque ele entendeu que eu era necessário. E, quando alguém entende que você é necessário, você se torna parte da história dessa pessoa. Você se torna acesso. E acesso é a moeda mais valiosa do mundo dos relacionamentos. Mas não se chega lá de qualquer jeito. É por isso que eu desenhei um método. Não inventei esse caminho do nada: eu observei, estudei, testei e fui percebendo que existiam padrões.

Percebi que havia um processo invisível por trás das conexões que realmente davam frutos. E, ao identificar isso, organizei em uma sequência lógica e prática – algo que pudesse ser ensinado, aplicado e replicado. Não foi um insight do dia para a noite. Foi vivido. Foi suado. Foi lapidado no chão da vida.

Esse método não é uma fórmula mágica, é um mapa. Um guia que te mostra como deixar de ser apenas um conhecido na agenda de alguém para se tornar indispensável no destino dessa pessoa. Um passo de cada vez, com estratégia, com entrega, com visão. E, acima de tudo, com intencionalidade.

Hoje eu sei: quem domina esses passos não depende mais da sorte. Não espera cair no grupo certo por acaso. Ele constrói. Ele decide. Ele semeia onde quer colher. Porque entendeu que relacionamento é construção, não conveniência. E essa construção exige fundamentos sólidos – princípios, postura e presença.

OS PILARES DO NETWORKING

Antes de qualquer construção, você precisa de uma fundação sólida. Não adianta querer construir um prédio alto com base frágil, porque vai desabar. Com networking é a mesma coisa. Tem muita gente que quer se conectar com pessoas estratégicas, entrar em ambientes de alta performance, conquistar reconhecimento – mas ignora os fundamentos. E, sem fundamento, tudo é instável. Eu só cheguei aonde cheguei porque entendi cedo que network de verdade não começa na troca de contato. Começa na construção de pilares internos. É sobre ser antes de parecer.

➔ **O primeiro pilar é intencionalidade.** Nada do que construí foi por acaso. Cada passo foi pensado. Cada ambiente em que me infiltrei foi escolhido com propósito. Eu sabia o que estava buscando. Sabia o que tinha para oferecer. E é aí que muitas pessoas erram. Porque confundem intencionalidade com interesse. E não é a mesma coisa. Intencionalidade é propósito, é foco, é direção. Interesse é barganha, é uso, é oportunismo. E oportunismo não sustenta relacionamento algum. Eu fui intencional quando me aproximei de pessoas que carregavam aquilo que eu queria viver. Eu não cheguei pedindo, cheguei servindo. Não cheguei falando, cheguei ouvindo. Porque eu tinha clareza do que buscava – e clareza é o primeiro passo para qualquer construção de valor.

→ **O segundo pilar é pagar o preço.** E aqui o jogo começa a afunilar. Porque é nessa hora que muitas pessoas pulam fora. Querem o acesso, mas não querem o processo. Querem sentar-se à mesa, mas não querem servir o café. Eu já investi milhares de dólares em mentorias, em viagens, em ambientes nos quais sabia que minha presença geraria conexões estratégicas. E eu nem sempre tinha esse dinheiro sobrando. Mas entendi que aquele investimento não era gasto, era semente. E quem planta certo, colhe. Às vezes, o preço era financeiro; outras vezes, era tempo, energia, humildade. Já enfrentei salas onde eu era o menos preparado. Mas eu ficava lá, aprendendo em silêncio, servindo quando podia, entregando valor mesmo sem ser notado. Porque eu sabia: o tempo vai revelar quem está disposto de verdade.

→ **O terceiro pilar é servir.** Essa é uma das chaves mais poderosas que existem. Quem serve, permanece. Quem serve, conquista confiança. Quem serve, constrói autoridade sem precisar de título. Eu me conectei com a família do Neymar servindo. Não foi pedindo. Foi doando. Foi investindo no leilão beneficente. Foi ajudando com soluções estratégicas quando ninguém tinha coragem de se envolver. E quando você serve com verdade, sem esperar retorno imediato, o próprio ambiente te puxa. Você passa de visitante a essencial. Porque quem serve, resolve. E quem resolve, fica.

➔ **O quarto pilar é resolver problemas**. Esse é o mais direto de todos. Não adianta ser simpático, carismático e intencional se na hora do problema você some. Eu sou lembrado, sou chamado, sou mantido nos ambientes de influência porque entrego.

Eu apareço com a resposta. Eu gero resultado. E resultado é incontestável. Já falei isso antes e repito: ninguém tira quem resolve. Podem até tentar puxar o seu tapete, mas, se você for a solução, vão puxar e perceber que estão sobre ele também. Você vira base. Você vira necessário.

Esses quatro pilares – ser intencional, pagar o preço, servir e resolver problemas – são o alicerce. É aqui que tudo começa. E se você tentar construir qualquer relacionamento relevante sem isso, ele vai ruir. Vai virar contato superficial. E contato superficial não gera transformação, não muda histórias, não abre portas permanentes. O que muda é presença com propósito. É atitude com entrega. É coerência com constância.

Hoje, olho para trás e vejo que cada pessoa que ficou comigo nessa jornada compartilhou desses pilares. E cada pessoa que ficou pelo caminho, de alguma forma, ignorou algum deles. Porque networking não é sobre aparecer – é sobre permanecer. E só permanece quem constrói sobre fundamentos sólidos.

OS 5 PASSOS PRÁTICOS

Durante anos, caminhando por ambientes diferentes, com pessoas de perfis opostos, tentando entender o que fazia algumas conexões se transformarem em oportunidades, enquanto outras morriam no primeiro contato, percebi que existia uma lógica invisível por trás dos relacionamentos que prosperavam. Não era carisma. Não era sorte. Era consistência. Era postura. Era entrega.

Foi observando isso – e principalmente vivendo isso – que comecei a organizar um caminho. Não como quem inventa uma teoria, mas como quem reúne os passos que já percorreu e percebe que há um padrão. Esse padrão virou um método. Um processo que me guia até hoje em tudo que construo com pessoas, negócios e projetos.

Esses cinco passos práticos mostram que o verdadeiro segredo do network é simples: conectar almas, não apenas pessoas. Eles nasceram no campo de batalha. Não vieram de livros; vieram de tentativas e erros, de portas fechadas e de outras que se abriram porque eu estava preparado. São passos que me tiraram do anonimato e me colocaram em mesas de alto valor. E são os mesmos que eu ensino a quem quer parar de depender da sorte e começar a construir conexões reais, duradouras e estratégicas. Não existe mágica. Não existe fórmula pronta. Existe método. E método funciona quando é vivido. Agora, quero compartilhar com você cada um desses cinco passos. Um de cada vez. Com verdade, profundidade e aplicabilidade. Porque não adianta saber o caminho se você não tiver coragem de trilhá-lo.

Passo 1 - Identificar a conexão

De todos os erros que vejo acontecer no mundo do networking, talvez o mais comum seja este: sair se conectando com todo mundo, sem saber direito por quê. É como se a pessoa acreditasse que quantidade é mais importante do que direção. Mas eu aprendi, muitas vezes com dor, que não adianta se aproximar de uma pessoa só porque ela é famosa, tem dinheiro ou influência. Isso não sustenta conexão. O que sustenta conexão é propósito. É intenção. Identificar a conexão certa exige clareza – e isso começa dentro de mim, não fora. Eu preciso saber o que estou buscando e, principalmente, o que tenho para oferecer. Porque ninguém, absolutamente ninguém, quer se conectar com quem não agrega nada. Você pode até conseguir uma selfie, um contato, uma curtida. Mas isso não é conexão. Isso é ilusão de acesso.

Quando me aproximei de pessoas estratégicas ao longo da minha caminhada, nunca cheguei pedindo nada. Cheguei pensando: *"Como posso gerar valor para essa pessoa? O que eu carrego que pode ser útil para ela?"*. E, se eu não sabia responder a essa pergunta, dava um passo atrás. Porque, sem resposta, não há conexão verdadeira – há apenas oportunismo.

Eu me lembro de quando me convidaram para uma mesa de líderes na qual eu era, disparado, o menos relevante. Era nítido. Eu não tinha os mesmos resultados, não tinha o mesmo nome, nem os mesmos números. Mas fui com uma certeza: eu podia servir.

Eu podia ouvir, aprender e encontrar uma brecha onde conseguisse resolver algo que ninguém ali estava percebendo.

Foi exatamente o que fiz. E não demorou para que meu nome deixasse de ser apenas um entre outros para se tornar lembrança de alguém que entregava algo útil. É por isso que eu insisto tanto: antes de querer acesso, entenda com quem você realmente precisa se conectar. E mais do que isso: entenda por que você precisa dessa conexão. Você quer aprender? Quer servir? Quer crescer junto? Ou só está buscando status e validação? A resposta muda tudo.

Não é sobre tentar conhecer quem está no topo. É sobre identificar quem carrega o que você precisa aprender, desenvolver ou viver. Tem pessoas que não são famosas, não têm muitos seguidores, mas carregam um nível de sabedoria, autoridade e unção que pode destravar a sua vida inteira. Só que, se você estiver focado em números, vai passar direto por elas. Uma conexão certa no tempo certo pode mudar tudo. Já uma conexão errada no momento errado pode te atrasar anos. Por isso, pare de se mover por vaidade. E comece a se mover por propósito. Conexão estratégica não é sobre quem pode te dar algo, mas sobre quem caminha alinhado com aquilo que Deus já colocou dentro de você.

"Não busque conexões por vaidade. Busque por propósito. O que nasce de propósito, floresce com permanência."

Passo 2 - Conquistar o acesso

Conquistar o acesso é pagar o preço que a maioria não está disposta a pagar. É sair do campo da intenção e entrar no território da ação, mesmo que isso custe tempo, dinheiro ou conforto. E eu digo isso com autoridade, porque não foi diferente comigo. Eu comecei quebrado. Não tinha roupa, não tinha dinheiro, não tinha sobrenome. Mas tinha uma coisa: intencionalidade. E essa é a moeda de troca de quem quer romper os bloqueios do acesso.

Quando me deram uma mesa no leilão do Neymar, muitos achavam que eu iria apenas tirar foto, *"curtir"* o evento e postar no Instagram. Mas eu vi ali uma chance de fazer o que ninguém esperava: me tornar necessário. O produtor me presenteou com uma mesa de dez lugares. Eu poderia ter levado amigos, parentes, colegas. Mas levei compradores. Levei pessoas com capacidade de movimentar o leilão. Levei estratégia. Resultado? Minha mesa foi a que mais comprou. Só ela somou mais de 4 milhões e 800 mil reais. E não parou por aí. No ano seguinte, repetimos a dose. O lote mais caro? Foi o meu. A mesa que mais contribuiu? A minha. Eu doei R$ 120 mil do próprio bolso. Isso não foi sobre ostentação. Foi sobre estratégia. Sobre construir acesso sustentável.

Deixa eu te falar: ninguém te dá acesso de graça. Você precisa demonstrar valor antes de pedir algo. Precisa se colocar na equação como alguém que agrega, não que subtrai. Sabe por quê? Porque todo mundo quer ter por perto quem resolve, não quem dá trabalho.

Se você entra em um ambiente apenas para sugar, ninguém vai te chamar de volta. Mas se entra para somar, você conquista permanência.

No primeiro leilão, eu vendi quase 800 mil reais em bonés em questão de minutos. E quando falei no palco que venderia o blazer do Neymar por 1 milhão, teve gente que riu. Mas ele me deu o blazer. Depois o pingente. Por quê? Porque, antes de pedir, eu gerei valor doando um relógio Rolex que estava no meu braço, avaliado em aproximadamente R$ 300 mil. Não fui lá com cara de pidão. Fui com espírito de serviço, com disposição para resolver, contribuir e fazer a roda girar. E quem faz a roda girar, gira com ela.

O acesso não é um prêmio, é uma conquista. Você não bate na porta da oportunidade e diz: *"Me deixa entrar porque eu sou legal"*. Você entra pela porta do resultado. Resultado atrai. Resultado impressiona. Resultado fala por você quando ninguém quer te ouvir. E se você acha que apenas grandes cifras compram acesso, está enganado. Muitas vezes, o que vai abrir a porta é o seu tempo, a sua disposição, o seu serviço.

Eu servi o Instituto Neymar antes de qualquer retorno. Servi sem esperar aplausos. E hoje sou braço direito do pai dele. Faço parte das decisões, dos negócios, dos bastidores. Isso não veio com um cartão de visitas. Veio com renúncia, entrega e resultado.

Portanto, se você quer conquistar acesso, faça estas perguntas a si mesmo:

"Em que ambientes eu quero entrar? O que essas pessoas valorizam? Como posso servir antes de pedir? Que valor eu gero que é único, necessário e repetível?".

Não adianta querer acesso sem se tornar acessível. Não adianta querer estar no palco sem carregar as caixas nos bastidores. A vida responde àqueles que plantam, não aos que só pedem.

Passo 3 - Gerar valor e experiência

Você já identificou a conexão e conquistou o acesso. Agora, começa o jogo de verdade. Criar uma conexão é fácil. Difícil é cultivar. Difícil é transformar essa conexão em algo real, profundo e duradouro: um relacionamento. E sabe como isso acontece? Com constância. Com entrega. Com valor contínuo. É aqui que muitas pessoas se perdem. Eu costumo dizer o seguinte: conexão é quando você conhece alguém. Relacionamento é quando essa pessoa confia em você. Quando ela te liga no meio de um problema, quando ela te chama para decidir algo importante, quando ela pensa em você como parte da vida dela. E isso não acontece da noite para o dia. Isso exige tempo, presença e, acima de tudo, serviço.

Quer saber como foi comigo? Eu servi por dois anos antes de abrir a boca para pedir algo. Dois anos servindo, sem cobrar, sem exigir nada, apenas agregando valor.

E foi isso que constrangeu. Foi isso que me abriu portas que muitos tentam forçar e não conseguem.

Quando você gera tanto valor que chega a constranger, a pessoa entende: *"Esse cara é necessário na minha vida"*.

Não é sobre bajulação, não é sobre ser puxa-saco, não é sobre se anular. É sobre agregar tanto que você se torna indispensável. E isso não é algo que você declara. É algo que a outra pessoa percebe. É ela quem decide que você faz parte, que você é necessário. E é por isso que você permanece.

"O segredo não está em criar uma conexão. Está em transformá-la em algo tão valioso que ninguém queira perder."

Como transformar conexão em relacionamento?

Sirva continuamente – não apenas uma vez. Não é no primeiro encontro. É dia após dia. É ligação, é disponibilidade, é resolver o que ninguém quer resolver. Faça isso e observe o efeito. Conheça o outro profundamente: estude a dor dele. Saiba onde você pode ser útil. Antecipe problemas. Traga soluções antes que ele peça.

Seja intencional com o tempo: às vezes não é quantidade, é qualidade. Mas, quando estiver com a pessoa, esteja por inteiro. Sem celular, sem distração. Só isso já te destaca.

Mantenha a integridade: não adianta servir e depois falar mal pelas costas. Não adianta gerar valor e depois quebrar a confiança. Relacionamento sem confiança é apenas aparência.

Não force intimidade: ela nasce. Ela cresce. Forçar afasta. Espere o tempo da conexão amadurecer.

No meu caso com o Neymar, não fui eu quem disse que queria estar presente na vida dele. Foi ele quem decidiu que eu era necessário. E isso aconteceu depois de muito tempo servindo, resolvendo problemas, estando disponível. Quando ele entendeu que podia confiar em mim – não porque eu falei, mas porque eu provei –, então as portas se abriram. E hoje estou ao lado da família dele nas decisões mais estratégicas. Mas isso foi um processo, não um convite de última hora.

"A pessoa te mantém por perto quando entende que você é necessário. E não tem como alguém achar que você é necessário sem que você tenha provado isso na prática."

Passo 4 - Transformar conexão em relacionamento

Existe uma diferença entre quem fala e quem entrega. Entre quem se promove e quem é promovido. O verdadeiro reconhecimento não nasce da autopromoção, mas dos resultados consistentes, visíveis e inquestionáveis. Resultado é aquilo que não se argumenta.

Não estou dizendo que o dinheiro não importa, mas sim que ele é consequência. Quem foca em servir com excelência, em gerar valor real e em resolver problemas concretos, será, inevitavelmente, recompensado. E quando isso acontece, o próprio resultado se torna sua melhor apresentação.

Posso afirmar isso com base no que vivi. No leilão do Instituto Neymar, por exemplo, eu cavei uma oportunidade com coragem e criatividade. Durante o leilão beneficente, propus vender o blazer do Neymar. Aquela ação foi estratégica. A minha mesa foi a que mais comprou, mais doou e mais faturou nos dois anos consecutivos.

Em 2023, levamos o leilão de 4 milhões para 11 milhões. No segundo ano, 2024, levamos para 21 milhões. Resultado não se argumenta.

Isso é o que o resultado faz. Ele gera permanência. Ele consolida acesso. Mas tudo começa com uma postura de serviço e de entrega acima da expectativa. Não precisei fazer alarde, nem me justificar, nem sair postando tudo ou tentando provar que estava crescendo. Muitas vezes, o silêncio é o maior aliado da autoridade.

Como eu costumo dizer: *"O que ninguém sabe, ninguém estraga. Quando você não conta, você não precisa prestar contas"*.

Na edição seguinte do leilão, levei dez empresários estratégicos para a minha mesa. Não levei amigos nem parentes. Levei pessoas com potencial de contribuir com a causa. E essa intencionalidade gerou impacto direto nos números. Resultado é fruto de estratégia, não de sorte.

Hoje, entendo que quem entrega resultado não precisa se explicar. O fruto fala por si. E, no final das contas, é isso que me sustenta em ambientes de alto nível: minha capacidade de gerar transformação real. Não é sobre status, é sobre consistência. Não é sobre visibilidade, é sobre relevância. Não é sobre parecer, é sobre entregar. E quando você entrega, você permanece.

Passo 5 - Garantir a permanência

Chegar perto é uma coisa. Permanecer é outra completamente diferente. Ao longo da minha jornada, aprendi algo que mudou tudo: acesso não garante permanência. Você pode até conquistar um espaço, sentar-se à mesa, estar nos bastidores – mas isso não significa que você vai continuar ali. A permanência não é uma decisão sua; é o outro quem decide se você permanece ou não. E essa decisão está ligada a uma única coisa: se você se torna necessário. Eu permaneci ao lado do Neymar. Mas isso não foi porque eu quis, foi porque a família dele entendeu que eu era necessário. Eu estava ali não só com presença, mas com solução. Resolvia. Entregava. Somava. E, mais do que tudo, estava disponível. Quando a pessoa olha para você e diz:

"Essa pessoa resolve todos os meus problemas, a qualquer hora, de qualquer jeito".

É aí que você se torna indispensável. E quando você é indispensável, não há competição. Houve um dia em que alguém chegou para o pai do Neymar tentando falar mal de mim. Ele ouviu, ouviu, ouviu. E, no fim, sabe o que ele disse?

"Entendi. Você quer que eu o tire e coloque você. Faz o seguinte: me entrega o mesmo resultado que ele entrega. Não precisa ser melhor, só igual. Aí eu tiro ele e coloco você."

Resultado encerra conversa. Resultado é argumento final.

"A permanência não é uma conquista. É uma consequência de se tornar necessário."

Como se tornar necessário? Você precisa servir com tanto empenho, tanto amor e tanta intencionalidade que a ausência da sua presença seja sentida. Você precisa ser aquele que conhece os bastidores, entende a dor da pessoa, antecipa necessidades e se adianta nas entregas. Quem faz isso não apenas se mantém – cresce, avança e passa a decidir junto. Passa a ser convocado para as reuniões em que o futuro é desenhado.

Mas existe mais um segredo: discrição e postura. Acesso mal administrado se perde. Eu aprendi isso cedo. Quando você entra em um ambiente novo, mesmo que tenha pagado o preço para estar ali, fique calado, observe, absorva. Quem chega falando demais, querendo impressionar, acaba escorregando. E, uma vez que perde o acesso, nem sempre tem uma segunda chance. Então ouça. Aprenda. Prepare-se para entregar resultados antes de querer destaque. Muitas pessoas conseguem o crachá, mas não conseguem permanecer na sala. Sabe por quê? Porque confundem presença com relevância. Estar em um ambiente não é o mesmo que ser parte dele. Presença pode ser esquecida, mas relevância marca. E você só se torna relevante quando sua entrega supera a expectativa. Quando entende o código do ambiente e se adapta com inteligência. Quando sabe o momento de falar e, mais importante ainda, o momento de calar. Tive a chance de participar de reuniões e decisões de altíssimo nível com a família Neymar, com empresários de múltiplos segmentos e líderes de influência global. E, em muitos momentos, sabe o que fiz?

Fiquei quieto. Observando. Aprendendo. Engolindo a ansiedade de querer mostrar serviço rápido demais. Permanência não se conquista no grito; se conquista na constância, no posicionamento, no silêncio que observa e no resultado que fala.

Teve uma reunião em que eu poderia ter interrompido, dado uma ideia, mostrado tudo o que já tinha feito. Mas não fiz. Fiquei em silêncio porque percebi que aquele não era o momento. E sabe o que aconteceu? Quando a reunião acabou, o próprio pai do Neymar me chamou de lado e disse:

"Bruno, eu observei você. Vi que você não quis falar, e isso mostra maturidade. Gente assim eu quero perto".

E ali, mais uma vez, a permanência foi confirmada. Não pelas palavras, mas pela postura.

"Quem aprende a ser necessário em silêncio, permanece quando todos os outros já foram embora."

Outro ponto essencial é a resiliência. Permanecer não significa apenas estar presente nos bons momentos. Você precisa continuar servindo mesmo quando ninguém está te aplaudindo, mesmo quando o cenário não está favorável. Muitas pessoas perdem a permanência porque só querem colher, mas não querem continuar semeando. Só aparecem quando a colheita é garantida.

Mas aquela que continuam regando a terra mesmo quando não há sinal de fruto são as que permanecem quando a mesa é montada. A permanência é um reflexo de quem você se torna. E você só permanece onde entrega mais do que esperam de você. Não espere ser mantido em lugares onde você é apenas conveniente. Torne-se indispensável. Prepare-se para ser lembrado, convocado e respeitado – mesmo quando estiver em silêncio.

CAPÍTULO 10

VENDAS, AUTORIDADE E EXCELÊNCIA

> **Venda não é o que você diz. É o que o outro percebe.**
>
> – BRUNO AVELAR

Durante muito tempo, acreditei que vender era convencer. E talvez você também pense assim. Que vender é sobre ter o melhor discurso, saber usar as palavras certas, aprender gatilhos mentais e criar aquela oferta irresistível. E, claro, tudo isso tem seu lugar. Mas com o tempo, e principalmente com os tombos da vida, entendi que a venda verdadeira não está no que você fala – está no que você transmite. Está na autoridade que você carrega.

A venda mais poderosa é aquela que acontece sem esforço. É quando a pessoa olha para você e diz: *"Eu quero aprender com ele. Eu quero andar com ele. Eu quero comprar dele"*. E essa decisão, na maioria das vezes, é silenciosa. Ela não nasce do que você falou, mas do que você vive. Do que você carrega no seu semblante, na sua postura, na sua consistência. A autoridade vende sozinha. E mais ainda: o relacionamento certo gera essa venda. Eu nunca precisei forçar uma venda. Sabe por quê? Porque eu entendi o jogo. Eu entendi que, antes de vender qualquer coisa, eu precisava construir uma conexão. E mais do que isso: precisava gerar confiança. Confiança não se impõe, ela se conquista. E conquista exige presença, exige entrega, exige verdade. Tem gente tentando vender para quem nunca serviu. Tentando cobrar de quem nunca recebeu valor. E por isso não funciona.

Quando me tornei intencional em construir relacionamentos de verdade – e não apenas listas de contatos –, as vendas começaram a acontecer como consequência. E passaram a se repetir. Vendas que viraram parcerias. Parcerias que se tornaram sociedade. Sociedades que geraram legado. Tudo isso porque eu entendi: vender é servir. Está escrito no maior manual de todos, a Bíblia:

"O maior entre vocês deverá ser servo." "Quem serve com excelência nunca fica sem espaço."

E o segredo da entrega que mudou a minha forma de gerar resultados é simples: quando você entrega de verdade, não precisa se explicar. O resultado abre portas. O resultado convence. O resultado sustenta o seu nome onde a sua voz não chega. Foi por isso que parei de gastar energia tentando convencer os outros e comecei a focar minha entrega. Quando a sua entrega é boa, a venda é natural. Houve um momento da minha vida em que achei que precisava ser mais carismático, mais eloquente, mais persuasivo. Mas o que eu realmente precisava era ser mais coerente – coerente entre o que eu falava e o que eu vivia. Entre o que eu mostrava e o que eu entregava. Entre o que eu prometia e o que eu cumpria. Quando alinhei isso, a autoridade nasceu. E com ela, a confiança. E com a confiança, vieram as vendas – sólidas, constantes, legítimas. Eu vi isso acontecer tantas vezes que já não tenho dúvida. Vendas são consequência de autoridade. E autoridade é consequência de serviço, constância e verdade. Esse é o caminho. E se você entender isso, não importa o que você venda – as pessoas vão querer comprar de você. Porque, antes de comprarem o seu produto, elas compraram a sua essência.

VENDAS COMO CONSEQUÊNCIA DO RELACIONAMENTO

Eu não acordo de manhã pensando em vender. Acordo pensando em servir, em resolver problemas, em me tornar necessário na vida das pessoas certas. E o resultado disso é venda. Mas não qualquer venda. É uma venda carregada de propósito, de confiança e de permanência. Muitas pessoas não entendem isso. Querem aprender técnicas de persuasão, estudar gatilhos mentais, decorar scripts. Mas ignoram o mais poderoso dos gatilhos: a verdade. A verdade do seu serviço. A verdade da sua excelência. A verdade do seu relacionamento com o outro.

A venda não é o que você diz – é o que o outro percebe. Você pode dizer que é o melhor, que é premiado, que seu produto é incrível. Mas, se a sua vida não sustenta essa narrativa, se a sua entrega não comunica essa autoridade, o cliente percebe. E quando percebe incoerência, você perde mais do que uma venda. Perde o respeito. Perde o acesso. Autoridade se constrói quando há verdade. E a verdade conecta almas antes de convencer mentes. Eu aprendi isso na prática, vivendo experiências que nenhum curso de vendas ensina. Eu vendi sem abrir a boca. Porque o ambiente falou por mim. Porque o histórico falou por mim. Porque a excelência falou por mim. E isso não vem de um dia para o outro. Você constrói essa autoridade ao longo do tempo. E ela nasce, quase sempre, de uma dor que você superou.

A Bíblia diz que tudo aquilo que você supera passa a ser seu servo. Se hoje você tem uma cicatriz, é porque um dia teve uma ferida. E, se ela cicatrizou, é sinal de que você venceu.

Então, você tem autoridade para falar sobre aquilo. A autoridade que gera vendas não é conquistada com marketing – é conquistada com superação. Eu vejo pessoas com um talento absurdo, um dom inegável, mas que não conseguem vender. Por quê? Porque não investiram em excelência. Não treinaram. Não lapidaram. Cristiano Ronaldo e Messi não chegaram aonde chegaram apenas com dom. Eles treinaram como ninguém. Se você tem talento e não treina, você vira mediano. E mediocridade não se vende. Pode até vender uma vez, mas não se mantém.

Eu já vi isso de perto. Pessoas dizendo que eram referência, que eram líderes, que eram *"coach"*, que eram mentores. Mas quando eu olhava o Instagram, quando eu via o conteúdo, o vídeo, o produto, não sustentavam o discurso. A imagem não entregava excelência. O resultado não falava por si. E aí não tem como isso se sustentar.

Agora, quando você faz o básico com excelência, o extraordinário acontece. Um vídeo bem gravado, um procedimento bem executado, uma entrega impecável, isso vende. Sem que você precise dizer uma palavra.

"Porque excelência fala. Resultado fala. Relacionamento fala."

Durante os dois anos consecutivos em que servi nos leilões do Neymar, doei tempo, dinheiro e energia. Montei a mesa mais estratégica do evento, convidei pessoas com capacidade de comprar, de doar, de transformar. Não levei amigos. Levei intencionalidade. E o resultado? Só a minha mesa comprou mais do que o evento anterior inteiro. E, a partir disso, os maiores contratos começaram a chegar.

Já em 2025, não fui escalado para apresentar o leilão. Me questionei o porquê. Ainda assim, adquiri uma mesa no valor de 150 mil reais, mas seguia pensando: logo no ano em que trouxe os maiores resultados – participando ativamente da vinda do Neymar para o Brasil, fechando os maiores contratos desportivos para ele e para o Santos Futebol Clube, através dos meus relacionamentos e contatos –, reformei grande parte da Vila Belmiro, a pedido do Neymar Pai.

Em janeiro de 2025, com meus próprios recursos, fui a Riade, na Arábia Saudita, para dar suporte ao meu amigo Neymar. Ali, tive a oportunidade de fechar contratos milionários, como o da empresa Loove, do meu amigo Pablo Marçal, em um acordo de 26 milhões de reais. Outro exemplo foi o da indústria farmacêutica Unika, com um contrato de 45 milhões de reais, entre vários outros.

Imagine: justamente no ano em que mais servi, mais trouxe resultados e mais me dediquei, sem nenhuma explicação, não fui convidado para apresentar o leilão – mesmo depois de todos os recordes conquistados nos anos anteriores. Mas nem todas as decisões ali são tomadas pela família Neymar, principalmente porque Neymar pai é um cara que constrói pessoas e lhes ensina na prática que todas podem tomar a decisão – e precisam estar preparadas para isso –, mas que tal poder traz consequências. Ele é o cara que construiu um time, e esse time é bom, mas, assim como todos nós, às vezes as decisões são tomadas por emoção, no âmbito pessoal fora do eu. E como diz Augusto Cury, o psiquiatra mais lido do mundo com mais de 35 milhões de livros vendidos, a emoção é BURRA.

Minha conclusão foi: certas pessoas querem te ver bem, mas não melhores do que elas. Quando o seu brilho ofusca, as vistas doem; então, elas tentam te apagar.

Naquele leilão de 2025, recebi um conselho de um amigo – que talvez muitos conheçam –, e esse conselho mudou todo o percurso. Aquilo que poderia ter sido uma tragédia, para todos que esperavam me ver em posição inferior, se transformou em vitória. Por causa desse simples conselho, que executei à risca, tudo mudou.

Cheguei em grande estilo, sentei-me à mesa do Neymar Pai, junto com meu amigo Pablo Marçal e outros convidados. E, como não me colocaram no palco, comecei a vender no chão.

Em certo momento, Neymar Junior me chamou e disse:

"*Cadê aquele contrato dos 'parças' que você disse que iria fechar?*"

Respondi imediatamente:

"*Está aqui. Vamos fechar agora?*"

Ele disse:

"*Sim, o dono da empresa está aqui, quer fechar agora?*"

E ele disse:

"*Sim. Chame ele aqui*".

No decorrer do leilão, enquanto outros apresentadores estavam no palco, a pedido de Neymar Júnior fechei não apenas um contrato, mas dois: um de 1,5 milhão e outro de 3 milhões.

Enquanto assinávamos um contrato em um guardanapo de tecido, fui repreendido em frente a todos, acusado de estar atrapalhando o evento ao levar pessoas para tirar fotos com o Neymar Júnior.

Quanto mais eu tentava explicar que não era iniciativa minha, mas um pedido do próprio Neymar Junior, mais essa pessoa elevava a voz e me desrespeitava diante de todos.

Mantive a calma e voltei ao meu lugar. Quando menos esperava, uma das produtoras do evento se aproximou e disse ao meu ouvido:

"O Neymar Júnior quer que você apresente o último lote com ele".

Me trouxeram o headset e, no último lote, fui chamado pelo Neymar. Mais uma vez – pelo terceiro ano consecutivo –, vendi o lote mais caro da noite: 2 milhões e 600 mil reais.

Se quiser conferir, pesquise no YouTube: *Leilão Neymar 2025 Bruno Avelar*, e você poderá assistir a esse momento.

Fui acusado de ter pedido ao Neymar para participar. Fui acusado de vender fotos com ele. Mas sabe o que realmente importa? O resultado resolve qualquer coisa.

Hoje, continuo fechando contratos multimilionários para o Neymar Junior e também para o Santos Futebol Clube, caminhando ao lado do pai e aprendendo com ele todos os dias. Para mim, ele é, hoje, a minha maior referência.

O conselho que mudou tudo eu não vou revelar qual foi, mas o conselheiro tem nome: Joel Jota.

Mas entenda: isso não nasceu de uma venda. Nasceu de um relacionamento. Nasceu de um posicionamento. Nasceu de uma entrega.

O ciclo é este:

servir → gerar valor → ser necessário → permanecer → vender

Agora, pare e pense: quem são as pessoas que você está servindo hoje? Você está servindo as pessoas certas? Está se tornando necessário na vida de alguém? Está entregando mais do que foi pedido? Ou está apenas esperando a oportunidade de fazer um pitch de vendas? Se você não está gerando impacto real na vida de alguém, a venda será forçada. E o forçado não permanece. O que permanece é o verdadeiro.

O CICLO DO APRENDIZADO E DA AÇÃO

Eu acredito, de verdade, que o que separa o mediano do extraordinário não é o talento, não é o dom, nem a quantidade de conexões que você tem. O que separa é a capacidade de aprender e aplicar, aprender e aplicar, aprender e aplicar – sem parar. Se você parar nesse ciclo, você trava. E tem muita gente travada. Sabe por quê? Porque acumulou conhecimento, mas não transformou isso em ação. E aí vira o que eu chamo de *"obeso mental"*: pessoas que já fizeram cursos, já compraram mentorias, já assistiram a palestras, já decoraram frases de efeito, mas não conseguem gerar resultados, porque não colocaram nada disso em prática.

Deixa eu te dar uma chave aqui: a única forma de crescer exponencialmente é praticar aquilo que você aprendeu o mais rápido possível. Não espere dominar tudo. Não espere fazer o curso completo para aplicar. Comece com o que você já aprendeu hoje. Teste. Ajuste. Melhore. E, com os frutos disso, invista novamente em mais aprendizado. Isso é o ciclo. E esse ciclo não pode parar.

Eu já vi isso acontecer comigo. Fiz todas as grades de um mentor meu, todas. Investi em cada uma delas. E, quando achei que não tinha mais o que aprender, sabe o que aconteceu? Ele mesmo comprou uma mentoria minha. Ele, que me ensinou, passou a comprar de mim. Porque o verdadeiro mentor, o verdadeiro líder, é aquele que prepara alguém para ser melhor do que ele. Isso é o que eu chamo de revolução.

Você precisa ter essa consciência: o seu objetivo não é apenas aprender com quem está à sua frente, é ultrapassá-lo. É honrar o que você recebeu indo além. Isso não é arrogância, é legado. Se o aluno não superar o mestre, não existe progresso no mundo. Isso vale para tudo: liderança, negócios, ministério, vida. Não é sobre competir, é sobre construir.

E aqui há outro ponto: você quer governar? Comece estudando mais que os outros, dedicando mais tempo, praticando mais, aprendendo com profundidade e aplicando com constância. Porque governar é consequência de quem serve com excelência. Tem gente que reclama que não governa, mas também não está plantando nada. Está esperando colher sem semear. Quer liderar sem investir. Quer resultado sem entrega.

Se você quiser realmente se tornar uma referência naquilo que faz, precisa entender isto: não é sobre saber mais, é sobre fazer mais com aquilo que você sabe. É sobre gerar resultado. E resultado, deixa eu te contar, fala mais alto que qualquer argumento. O resultado se impõe. Ele abre portas. Ele sustenta o acesso que você conquistou. Ele te posiciona sem você precisar se explicar. Há muitas pessoas talentosas, com potencial incrível, mas que pararam no meio do caminho. Por quê? Porque não tiveram constância. Porque pararam de aplicar. Porque se acomodaram. Deixa eu te dar uma dica: não existe zona de conforto para quem quer crescimento. E não existe crescimento sem desconforto. Não dá para crescer devagar. O mundo não está esperando você ficar pronto. Você precisa correr com o que tem, se aperfeiçoar no caminho e buscar excelência no processo.

Essa é a diferença entre quem chega lá e quem desiste. Quem chega lá entendeu que o segredo não está só na inteligência, nem no networking. Está na ação. Está na prática. Está na entrega diária, consistente, estratégica. E se você fizer isso, se você entrar nesse ciclo de aprendizado e ação contínua, não tem como não crescer.

Pessoas que falham querem resultado rápido, reconhecimento imediato e autoridade instantânea. Mas a verdade é que nada disso se sustenta se não for construído sobre uma base sólida. E essa base é feita de constância, de entrega, de aprendizado e de verdade. Não dá para pular etapas. Não dá para querer o palco sem antes ter honrado o processo.

Se tem uma coisa que eu entendi nessa caminhada é que a venda verdadeira – aquela que permanece, que se repete, que cresce – nasce do relacionamento. Nasce da confiança. Nasce da autoridade que você constrói, não do produto que você empurra. E essa autoridade só existe quando o que você fala é sustentado pelo que você vive. Quando o seu discurso está alinhado com a sua prática. Quando a sua imagem é reflexo da sua essência.

Eu nunca precisei me vender. Porque o meu resultado fala por mim. A minha entrega fala por mim. As conexões que eu construí ao longo do caminho falam por mim. E é isso que você precisa buscar: consistência. Porque autoridade não se grita. Se vive. E a venda vem como consequência disso.

E se tem um conselho que eu deixo para você, é este:

"Entre no ciclo. Aprenda, aplique, ajuste, gere resultado – e volte para aprender mais. Não pare. Porque quem para de aprender, começa a morrer".

E quem aprende, mas não aplica, só está se enganando. Faça o simples com excelência. Faça o que já está nas suas mãos com dedicação. Não despreze o pouco, porque é no pouco que Deus testa o nosso coração. E quando Ele vê constância no pouco, Ele entrega o muito. E aí, ninguém segura. Porque não é sobre sorte, não é sobre carisma, não é sobre empurrar produto. É sobre gerar impacto real. É sobre fazer com tanto zelo que o mundo se curva diante do seu resultado. Esse é o caminho. Essa é a jornada. E eu te garanto: se você andar por ela com verdade, coragem e perseverança, a autoridade vai nascer. E quando ela nascer, a venda será só a ponta do iceberg. Porque o que vai crescer na sua vida será muito maior do que qualquer valor em dinheiro. Vai ser legado.

CAPÍTULO 11

PRIORIDADES E DESTINO

> **Eu ganho dinheiro com pessoas da minha agenda para viver com pessoas do meu destino.**
>
> – BRUNO AVELAR

Não é o mais forte que vence, é o mais resiliente. Não é quem tem mais talento, é quem tem mais constância. A diferença entre quem chegou e quem ficou não está na genialidade, está na dedicação.

Eu não sou o melhor no que faço. Tem muita gente melhor do que eu por aí. A questão é que, enquanto muitos estavam distraídos tentando fazer tudo ao mesmo tempo, eu escolhi focar em uma coisa só. Eu paguei o preço. E o preço não foi apenas financeiro. Foi o preço do foco, da disciplina, da renúncia. Eu fiquei onde muitos não quiseram permanecer. E é por isso que eu dei certo. O primeiro passo nunca vai te levar direto aonde você quer chegar. Mas ele tem um poder que ninguém pode tirar de você: ele te tira de onde você está. E isso já muda tudo. A mudança começa com uma percepção. Quando a ficha cai, quando você entende que não dá mais para continuar do mesmo jeito, o caminho começa a se abrir. E, nesse processo, você precisa tomar decisões. Não qualquer decisão, mas decisões que redefinem quem você é, onde você pisa e com quem você caminha.

Nem todo mundo que anda com você hoje faz parte do seu destino. E está tudo bem. Tem gente que é da sua agenda. Com quem você faz negócio, troca mensagem, fecha contrato.

Mas o seu destino está ligado a poucas pessoas. Pessoas que sustentam o seu chamado, que participam do que você é – não só do que você faz. Eu aprendi isso com dor e com experiência. Hoje, vivo com as pessoas do meu destino, mas financio essa vida com as pessoas da minha agenda. E é aqui que a chave vira. Porque, se você inverter essa ordem, você se perde. As pessoas do seu destino são aquelas com quem a sua alma se conecta. São essas conexões que mantêm viva a chama do propósito. Se você colocar o cliente no lugar da sua esposa, do seu filho, do seu mentor, você destrói o seu destino tentando manter a sua agenda. E o pior: nem percebe. Por isso, não entregue acesso a qualquer um. Não compartilhe sua história com quem não tem estrutura para entender o seu caminho. Gente que não viveu o que você viveu não vai compreender as escolhas que você fez. E quando não compreendem, julgam. Quando não suportam, invejam. Quando não têm coragem de fazer, tentam te paralisar. Não é arrogância. É proteção. É discernimento. É saber que há lugares dentro de você que só devem ser acessados por quem te aproxima do que Deus sonhou para a sua vida. Então, a partir de hoje, seja criterioso com quem você deixa entrar. Porque o acesso define o alcance. E o destino só é alcançado por quem entende a ordem das prioridades.

AGENDA X DESTINO

Durante muito tempo, acreditei que ter uma agenda cheia era sinal de sucesso. Eu pensava que estar ocupado era sinônimo de ser importante. Mas descobri, com o tempo – e com muita dor –, que uma agenda cheia pode esconder um coração vazio. Um homem que conquista aplausos, mas que perde a própria casa. Que ganha o respeito de desconhecidos, mas perde a admiração da esposa e dos filhos. E quando você inverte as prioridades, a vida te cobra. Foi nesse lugar que eu entendi a diferença entre pessoas de agenda e pessoas de destino. Pessoas de agenda são clientes, compromissos, contatos profissionais. São importantes, sim. Elas ajudam a gerar receita, movimentar negócios, expandir a atuação. Mas as pessoas de destino são insubstituíveis. São aquelas que sustentam emocional e espiritualmente. Minha esposa. Meus filhos. Meus sócios. Meus mentores. Pessoas que não estão comigo apenas nos resultados, mas também nos processos. Que não aparecem apenas no palco, mas que permanecem nos bastidores.

"Eu ganho dinheiro com pessoas da minha agenda para viver com pessoas do meu destino."

Essa frase virou uma chave na minha vida. Porque, se você não separar bem isso, começa a dar acesso a quem não deveria. Começa a dividir o que é íntimo com quem só está por conveniência. Começa a esperar permanência de quem só aparece quando tem alguma vantagem. E o resultado é um só: frustração.

A verdade é que tem gente que não vai suportar o seu sucesso. Que vai invejar seu crescimento. Que vai tentar te diminuir porque não teve coragem de fazer o que você fez. E o mais perigoso é quando você insiste em manter esse tipo de gente por perto. Gente que te suga, que te paralisa, que te sabota com elogios falsos e conselhos vazios. E tudo isso acontece porque você ainda não decidiu com quem realmente quer caminhar. Você precisa proteger sua essência. Proteger sua família. Proteger seu propósito. Tem pessoas que não foram chamadas para entrar nos bastidores da sua vida. E não é orgulho, não é arrogância – é discernimento. É maturidade. É saber que seu tempo é limitado demais para ser desperdiçado com quem não entende seu valor. Eu cheguei num ponto em que decidi: não compartilho mais meus resultados com quem não viveu meus processos. Não abro mais meu coração para quem não suportaria a verdade. Não entrego o que há de mais precioso dentro de mim a quem só sabe julgar de fora. E isso não me tornou fechado – me tornou seletivo. Me tornou intencional. Você precisa fazer essa separação agora. Antes que seja tarde. Antes que você perca o que realmente importa tentando manter quem nunca deveria ter entrado. Organize sua agenda, sim. Mas organize o seu destino primeiro. Porque, se as pessoas do seu destino não estiverem recebendo o seu melhor, você está desperdiçando o seu chamado. E quer saber? Não é sobre quantidade. É sobre alinhamento. Às vezes, você precisa diminuir o círculo para aumentar a profundidade. Reduzir a exposição para aumentar a consistência.

Cortar o barulho para ouvir com clareza a voz de Deus. Porque Ele não fala no ruído da multidão. Ele fala na mesa com os seus. Com aqueles que vão estar com você até o fim.

O PODER DAS DECISÕES E DA PERSEVERANÇA

Assim como o resiliente, vence também quem é mais perseverante. Eu aprendi isso na vida, na prática, na dor. E hoje te afirmo com toda convicção: há muitas pessoas melhores do que eu por aí, com mais talento, mais capacidade técnica, mais inteligência até. Mas sabe por que elas não deram certo e eu cheguei aonde cheguei? Porque não dedicaram o tempo que eu dediquei. Não pagaram o preço que eu paguei. Não tiveram a constância que eu tive. Estavam fazendo várias coisas ao mesmo tempo, enquanto eu focava uma coisa só. Essa é a chave: perseverança com direção. Porque correr muito na direção errada não leva ninguém ao destino certo. O mundo hoje valoriza o rápido, o instantâneo, o imediatismo.

Mas a verdade é que os grandes resultados são fruto de processos consistentes, silenciosos e constantes. São construções feitas no secreto, enquanto os outros dormem, descansam ou desistem.

Para você refletir: quantas coisas você já disse que ia fazer na vida e não fez? E quantas mais você vai continuar dizendo que vai fazer, mas nunca sai do lugar? Muita gente chega para mim e diz: *"Bruno, um dia eu vou estar nesse palco com você"*. E eu sempre respondo: *"Amém! Se for da vontade de Deus, vai acontecer"*. Mas deixa eu te dizer uma coisa: vontade sem ação é só ilusão. Se você não fizer por onde, não tem palco. Não tem microfone. Não tem resultado.

Sabe o que vence no final? A constância. A disciplina. A capacidade de continuar quando ninguém está olhando. A coragem de permanecer quando tudo parece difícil. E mais do que isso: a ousadia de dar o primeiro passo – mesmo sem saber o próximo. Porque o primeiro passo não te leva onde você quer, mas te tira de onde você está. Foi assim que eu comecei. Não com tudo pronto, mas com tudo o que eu tinha: fé, foco e a decisão de não parar. Eu sabia que cada passo que eu desse, por menor que fosse, me aproximaria do meu destino. E foi assim, passo após passo, dia após dia, que eu fui saindo da média e construindo o extraordinário.

"Não é sobre talento, é sobre constância. Talento te inicia. Constância te consagra."

E não espere o cenário perfeito. Não espere que todo mundo te apoie. Não espere estar pronto. Porque nunca vai parecer o momento ideal. Vai ter gente duvidando de você. Vai ter gente torcendo contra. Vai ter parente dizendo que você está maluco. E quando você começar a dar certo, os mesmos que te criticaram vão querer se aproximar e dizer que sempre acreditaram em você. Normal. Isso faz parte do processo. Mas não pare por causa disso. Use isso como combustível. Se tem algo que eu aprendi, é que você precisa decidir quem vai ouvir e, mais importante, quem vai obedecer. Você vai ouvir a sua alma, que tem medo e se sabota? Ou vai ouvir o seu espírito, que te empurra para o propósito? Vai ouvir os ruídos do mundo ou a voz de Deus, que sussurra no seu íntimo que você nasceu para mais?

Deus nos deu uma mente para planejar, um coração para sonhar e pernas para caminhar. Então planeje, sonhe e caminhe. Caminhe mesmo com medo. Caminhe mesmo com pouco. Caminhe mesmo sem aplausos. Porque quem caminha com Deus nunca caminha sozinho. E quem caminha com propósito não precisa de plateia. Você não precisa começar grande. Mas precisa começar. E precisa continuar. Toda vez que vou tomar uma decisão importante, passo por cinco perguntas que funcionam como um filtro prático e poderoso:

"Eu preciso disso? Eu quero mesmo? Eu consigo fazer isso agora? Eu posso? Eu vou?"

Essa última é a que mais separa os sonhadores dos realizadores.

Aprendi que o primeiro passo nunca me leva direto para onde quero chegar. Mas ele tem um poder que ninguém pode tirar de mim: ele me arranca de onde estou. E só isso já é o começo da transformação. Muita gente trava porque quer um plano inteiro, uma rota exata, uma luz piscando com a palavra "sucesso" no final. Mas eu comecei a caminhar mesmo quando não tinha certeza nenhuma. Eu só sabia que não queria mais estar onde eu estava.

Não é quem sonha mais alto que chega, é quem continua andando mesmo quando o chão some. Não é quem tem o melhor currículo, o melhor networking, o melhor plano de negócios. É quem continua. Quem tem constância. Quem volta mesmo quando dá errado. Quem insiste mesmo quando todo mundo já teria parado. Eu não fui o mais inteligente. Eu não fui o mais talentoso. Mas fui o mais insistente.

Tinha dias em que parecia que nada ia funcionar. E, ainda assim, eu acordava, colocava o pé no chão e dizia: "*Vamos de novo*".

Pessoas muito melhores do que eu ficaram pelo caminho porque não aguentaram o processo. Porque se distraíram com outras coisas. Porque pularam etapas. Porque quiseram o palco sem encarar o deserto. Eu venci porque escolhi uma única coisa e coloquei tudo nela. Meu tempo, minha energia, minha imagem, meu dinheiro, minha oração, minha fé. Tudo. E quanto mais eu caminhava, mais eu via que Deus não honra a força. Deus honra a constância. Tem gente que quer fazer muito em pouco tempo. Mas o que muda a vida de verdade é fazer pouco, todo dia, por muito tempo.

CAPÍTULO 12

O NETWORK COMO CAMINHO E PROPÓSITO

> **Pare de correr atrás de dinheiro.
> Corra atrás de resultado.**
>
> – BRUNO AVELAR

Chegar até aqui não foi por acaso. Nada na minha vida foi por acaso. Quando olho para trás e vejo minha trajetória – da infância simples em Minas Gerais aos palcos que hoje piso nos Estados Unidos e em vários outros países –, percebo que tudo, absolutamente tudo, estava costurado por um propósito. E mais: por pessoas. Não há propósito cumprido sem pessoas no caminho. Não há milagre que não envolva uma conexão. Não existe destino sem relacionamento.

Por muito tempo, acreditei que vencer era uma questão de esforço individual. Acordar cedo, trabalhar duro, ser o último a sair. Tudo isso é importante, claro. Mas o que fez a diferença de verdade na minha história foi quem Deus colocou na minha caminhada. Foram as conexões que me empurraram para a frente. Os encontros que pareciam casuais, mas que carregavam uma carga divina de propósito. Aquela conversa que parecia simples e mudou minha direção. Aquele mentor que disse uma frase e acendeu uma luz. Aquele amigo que abriu uma porta. Aquele desconhecido que virou a chave. Eu já fui o cara que achava que podia sozinho. Que bastava competência, planejamento e coragem. Mas fui quebrado por dentro até entender que ninguém constrói uma vida relevante no isolamento.

Que independência demais é carência disfarçada. Que o ego grita, mas o propósito sussurra. E só quem caminha com outros aprende a ouvir o que o céu está dizendo.

Foi nessa caminhada que o network deixou de ser uma estratégia para virar um estilo de vida. Deixou de ser um conjunto de técnicas para se tornar uma missão. Eu passei a enxergar pessoas como portas. E aprendi a bater com respeito, com serviço, com verdade. Porque a chave do acesso não está no currículo, está no coração. Está na disposição de somar antes de querer multiplicar. De honrar antes de querer subir. De servir antes de querer sentar-se à mesa. Essa consciência me moldou. Me refinou. Me reposicionou. Eu deixei de entrar em qualquer ambiente. De falar com qualquer pessoa apenas por interesse. De gastar energia com conexões vazias. E passei a buscar alinhamento. Propósito. Direção. Comecei a honrar os encontros. A discernir as pessoas. A valorizar os invisíveis. Porque, muitas vezes, o próximo nível está escondido num rosto comum. E a resposta de uma oração vem embalada num diálogo inesperado. O que me trouxe até aqui não foi carisma. Foi constância. Foi obediência. Foi discernimento.

Mas, acima de tudo, foi relacionamento. Pessoas que acreditaram em mim quando nem eu acreditava. Pessoas que me deram oportunidade quando tudo parecia perdido. Pessoas que seguraram minha mão quando eu estava prestes a desistir. E eu sei que o que vai me levar além não é uma estratégia nova. É a capacidade de continuar cultivando essas conexões com verdade, com humildade e com intencionalidade.

Então, se você chegou até aqui achando que este livro era sobre técnicas de networking, talvez tenha se surpreendido. Porque, no fundo, isso aqui sempre foi sobre propósito. Sempre foi sobre pessoas. Sempre foi sobre o que permanece quando a luz apaga, quando o palco desmonta, quando o evento acaba. E o que permanece são os vínculos que criamos. Os frutos que geramos juntos. Os destinos que cruzamos e transformamos ao longo do caminho.

Se eu puder deixar uma última verdade aqui, é esta: conexões certas são proféticas. Elas não apenas abrem caminhos – elas revelam chamados. E talvez, só talvez, a próxima virada da sua vida esteja a uma conversa de distância. Ou melhor: a uma decisão de distância. A decisão de viver o network não como ferramenta, mas como missão. Como ponte.

No fim, o segredo do network é simples: é sobre conectar almas, e conectar almas é o poder que transforma relacionamentos em legado.

O LEGADO DAS CONEXÕES

O network que constrói legado não é feito de quantidade. É feito de verdade. De intencionalidade. De gente que anda com você por propósito, não por interesse. Eu demorei a entender isso. Já estive cercado por multidões e, mesmo assim, me senti só. Já estive em ambientes barulhentos e percebi que o silêncio de uma conexão sincera fala mais alto que o grito de mil relacionamentos superficiais.

Vivemos numa geração que confunde seguidor com amigo, número com influência, visibilidade com valor. Mas deixa eu te contar uma coisa que aprendi na prática: não é sobre quantos estão te olhando, é sobre quem caminha com você quando ninguém está vendo. O que me sustenta hoje não é a exposição. É a solidez das conexões que construí ao longo dos anos. Gente que sabe quem eu sou mesmo quando não estou entregando conteúdo. Gente que lembra de mim quando precisa resolver algo, porque sabe que eu entrego. Que eu sirvo. Que eu permaneço.

Eu cansei de ver pessoas correndo atrás de dinheiro, desesperadas por validação, trocando essência por curtidas, e, no final, frustradas. Vazias. Quebradas por dentro. Foi aí que eu decidi parar. Escolhi parar de correr atrás de dinheiro e comecei a correr atrás de resultado. Em silêncio. Ele fala por mim. Ele me representa. Ele abre portas que discurso nenhum consegue abrir. Porque o resultado prova quem você é – mesmo quando você não está na sala.

Mas o resultado, de verdade, nasce do relacionamento certo. Da conexão certa. Do ambiente certo. Do acesso conquistado com serviço. O legado que eu construo não é sobre mim. É sobre as pessoas que caminharam comigo. Que me ajudaram a subir e que eu fiz questão de puxar para cima também. Porque conexão verdadeira não é escada, é aliança. Não é trampolim, é ponte. E ponte sustenta. Aguenta. Leva longe.

Hoje, se eu pudesse resumir meu legado em uma frase, seria esta:

"Fui fiel às conexões que Deus colocou no meu caminho".

E isso me basta. Porque, no final, o que fica não são os números, as imagens, os eventos. O que fica são os nomes. As histórias. Os destinos cruzados. Os milagres compartilhados. E é isso que me move até hoje. E vai continuar me movendo.

CHAMADO À AÇÃO

Se tem uma coisa que eu aprendi ao longo dessa jornada, é que o network não é um fim em si mesmo. Ele é um meio. Um caminho. E quando você entende isso, tudo muda. Porque o network, quando feito com propósito, transforma sua vida e a vida de quem se conecta com você. Não é sobre colecionar contatos, é sobre provocar mudanças. Eu não estaria onde estou hoje se não tivesse entendido isso.

Por isso, deixa eu repetir aqui com toda a convicção do mundo: pare de correr atrás de dinheiro. Busque resultado. Porque o resultado, quando é consistente, fala por você. Ele abre portas que você nunca imaginou. Atrai oportunidades que o marketing não alcança. Conecta você com pessoas que estão no próximo nível. E é isso que eu quero que você experimente.

Agora, você tem uma escolha: pode fechar este livro e continuar do mesmo jeito, esperando que as coisas mudem, ou pode fazer o que eu fiz: tomar uma decisão. Tomar um rumo. Ser intencional. Servir. Investir em acesso. Resolver problemas. Multiplicar resultados.

Não quero que você seja apenas mais um leitor. Quero que você se torne um praticante. Alguém que vive o que aprendeu aqui. Que muda sua agenda. Que muda sua postura. Que muda sua ambiência. Que muda, principalmente, suas conexões.

Eu não escrevi este livro para massagear seu ego. Escrevi para provocar movimento. Para destravar propósito. Para te levar a um novo nível de consciência. E se você me permitir, quero te desafiar: comece hoje.

Comece onde está. Com o que tem. Sirva alguém. Gere valor. Construa relacionamento. Invista tempo e presença em quem está um degrau acima. Pague o preço do acesso. Encare as dores do crescimento. Permaneça fiel à missão.

E quando tudo parecer difícil, lembre-se do que te trouxe até aqui. Lembre-se de que o conhecimento que te trouxe até aqui não vai te levar adiante. Você vai precisar de novas conexões, de uma nova mentalidade, de uma nova fé.

Esse é o chamado. Um chamado para sair do piloto automático e viver com propósito. Um chamado para ser ponte, não muro. Para ser resposta, não só mais uma pergunta. Um chamado para servir com excelência e permanecer com relevância. E sabe o que acontece quando você atende a esse chamado? A vida se transforma. Os ambientes mudam. As conexões se multiplicam. E o propósito se cumpre. Porque, no final, não se trata de quantos seguidores você tem, mas de quantas vidas você impacta.

Você está pronto?

Então vá. Sirva. Construa. Permaneça.

Seja luz. Seja ponte. Faça network com propósito.

Não dê acesso a quem não te dá destino.